日中・中日通訳トレーニングブック

高田裕子
Takada Yuko

毛燕
Mao Yan

大修館書店

付属の音声 CD について

「第 1 部　トレーニング編」の本文テキスト部分を収録しています。(トラック1) は付属 CD のトラック 1 を表します。

本 CD を使って行う練習方法については「通訳訓練法紹介」(p.2〜) および各 Lesson の説明をご参照ください。

［吹込者］
毛燕／趙楠／鹿野裕実子／津田英三／清水秀光／和泉志麻

はじめに

　本書は中級レベル程度の学習者を対象とし、基礎的な日中／中日の通訳スキルと知識を習得できるように書いたものです。
　これから通訳者を目指そうという人に確かな方向性を示し、関連スキル習得に役立つのはもちろんですが、決してそれだけではありません。一般の語学学習ではあまり意識しないインプットとアウトプットに重点を置いて学びますので、中国語と日本語の総合的な運用能力を効率よく高めることができます。初めてこのような通訳トレーニングをする人には、とても新鮮で刺激的に感じられることでしょう。

　本書には、次のような特徴があります。
　巻頭では、シャドウイング、リプロダクション、リテンション、サイト・トランスレーション、クイックレスポンスという5つの通訳訓練法について詳しく紹介しています。
　中でもリプロダクションは、通訳するうえで極めて重要な「記憶力」を養い、強化するうえで大変有効です。本書は基礎的な通訳スキルと知識の習得を目標にしているため、ノートテイキング（メモ取り）については敢えて触れていませんが、ノートテイキングを学ぶ以前に大切なのは、なんといっても「記憶力」の強化です。リプロダクションの訓練をじゅうぶんに行うことが大切です。
　「第一部　トレーニング編」は、今の通訳市場の動向を踏まえたテーマ選択と場面設定を行うとともに、中級学習者が無理なく通訳の学習をスタートできるよう、難易度にも配慮した構成となっています。
　《学習のポイント》は、各課の通訳トレーニングを通じて習得

するスキルや特に注意すべき学習内容の要点を記してあります。

　Step 1 では、これから通訳をする場面設定や背景知識などの関連情報、ならびにキーワードやキーフレーズを紹介しています。これらを理解し習得することは、通訳をする際の大切な事前準備にあたります。

　Step 2 では、付属の CD の音声を聞くことに集中します。

　Step 3 は、シャドウイングとリプロダクションです。

　Step 4 は、《学習のポイント》の詳細な解説をひととおり学んでから、いよいよ逐次通訳にチャレンジです。付属の CD の音声を聞きながら逐次通訳をします。最初は 1 センテンスごと短く区切って行いましょう。

　Step 5 は、サイト・トランスレーションで逐次通訳のまとめを行います。通訳原稿を見て口頭で訳しながら訳語や表現の確認をし、関連知識の定着をはかります。

　各課の最後には、関連単語などがまとめてあります。これらの単語を習得することで、更に理解を深め、知識を増やすことができます。

　「第二部　アドバイス編」では、特に通訳の学習をスタートしたばかりの人に役立つノウハウや考え方を紹介しています。何か困ったことにぶつかったら、ページを繰ってみてください。必ずヒントが見つかると思います。

　本書の執筆に関しましては、企画段階から最終校正に至るまで、一貫して大修館書店の富永七瀬さんのご尽力をいただきました。心より御礼申し上げます。

2008年春

髙田裕子　毛燕

目　次

付属の音声CDについて	本扉裏
はじめに	iii
目次	v

第1部　トレーニング編　　　　1

通訳訓練法紹介　　　　2

Lesson 1　北京案内　　　　6
北京导游

学習のポイント
1. 慣用句や四字熟語の訳を工夫する
2. 略語や略称に注意する
3. 背景知識および関連知識の重要性を認識する

Lesson 2　東京案内　―原宿と秋葉原　　　　14
东京导游　―原宿和秋叶原

学習のポイント
1. 外来語と新語をスムーズに訳す
2. 時間を分かりやすく訳す
3. 平易な表現に置き換えて訳す

Lesson 3　企業内通訳　　　　20
商务翻译

学習のポイント
1. 役職名の一般的な訳し方を覚える
2. 役職名や肩書き、敬称に注意する
3. ビジネスの場における通訳心得

目 次

Lesson 4　宴会挨拶　　　　　　　　　　　　　　　　　　　　28

宴会致辞

学習の
ポイント
❶ フォーマルな表現に慣れる
❷ 挨拶の決まり文句を習得する
❸ 場面設定に応じた話し方を心がける
❹ "以" "以便" の訳し方を工夫する

Lesson 5　中国事情　―高齢化　　　　　　　　　　　　　　　　34

中国現状　―老齢化

学習の
ポイント
❶ 数字のメモを取る
❷ 固有名詞を間違えないよう注意する
❸ 関連知識の収集方法

Lesson 6　日本事情　　　　　　　　　　　　　　　　　　　　40

日本現状

学習の
ポイント
❶ 身近な経済用語を理解し習得する
❷ 形容詞・形容動詞の中国語訳に注意する
❸ 接続助詞「～が」「～けれども」を慎重に訳す

Lesson 7　気象　　　　　　　　　　　　　　　　　　　　　　46

気象

学習の
ポイント
❶ 中国語のスピードに対応する
❷ 報道に相応しい表現を用いる
❸ "指出" "还表示" などを聞きやすく訳す
❹ 専門用語を習得する

| Lesson 8 | 教育 | 52 |

教育

**学習の
ポイント**
❶日中の制度の違いを踏まえて訳す
❷日本語と中国語のスムーズな切り替え
❸教育関連用語を習得する

| Lesson 9 | 友好都市交流 | 58 |

友好城市交流

**学習の
ポイント**
❶パブリック・スピーキングを学ぶ
❷日中の敬語表現の違いを理解する

| Lesson 10 | ファッション | 64 |

时装

**学習の
ポイント**
❶目的語を省略する日本語、省略しない中国語
❷外来語を正確に訳す

| Lesson 11 | 日本のポップカルチャー ―漫画・アニメ | 72 |

日本的流行文化 ―动漫领域

**学習の
ポイント**
❶作品の邦題、中国語タイトルを正確に覚える
❷接続詞に注意して訳す

| Lesson 12 | 中国のＩＴ市場 | 78 |

中国的ＩＴ市場

**学習の
ポイント**
❶講演などの定型表現を習得する
❷発言内容を理解できない際の対応

目 次

Lesson 13 対中投資　―質疑応答　　　　　　　　　　　　　　　　84

対华投资　―互动答疑

学習の
ポイント
❶要点を押さえて訳す
❷聞き手に合わせて訳語を工夫する

Lesson 14 環境問題　　　　　　　　　　　　　　　　　　　　　　90

环保问题

学習の
ポイント
❶司会進行の定型表現を習得する
❷話し手の経歴や立場を念頭に置いて聞き、訳す
❸文語的表現など難しい日本語表現を学ぶ

第2部　アドバイス編／トレーニング編 参考訳　　　　　　　　　99

　中国語を日本語に訳す①訳出の手順……100

　中国語を日本語に訳す②訳語選択のコツ……102

　日本語を中国語に訳す―通訳するための考え方……104

　日本語の文語的表現について……107

　カタカナ語について……109

トレーニング編 参考訳　　　　　　　　　　　　　　　　　　　111

コラム　通訳現場から ❶〜❽　　　　　　　　17,31,37,43,61,75,81,98

viii

第1部
トレーニング編

通訳訓練法紹介

　通訳訓練法は、通訳スキルの習得に効果的であるだけでなく、日本語と中国語の総合的な運用能力を向上させるのに、大変役立ちます。

　本書の各学習単元では、いくつかの訓練法を用いて通訳トレーニングを行います。以下、簡単にその方法と効果について説明します。

シャドウイング

　耳から入ってくる情報をそのまま声に出して言う訓練です。中国語が聞こえてきたら中国語を、日本語が聞こえてきたらそのまま日本語を言いましょう。完全にできるまで、何回も繰り返して練習してください。

効果
① 習得していない語彙や構文の把握
② スピーキングのスピードアップ
③ リズムとイントネーション、発音の改善

リプロダクション

　聞いた言葉をそのまま復唱する訓練です。最初は1センテンスから始め、徐々に長い文で練習をします。これは通訳するうえで大変重要な記憶力の強化に不可欠な訓練です。本書は中級レベル学習者が対象ですので、ノートテイキングについては敢えて触れておりませんが、ノートテイキングを学ぶ前の段階で、この訓練を十分に行うことが重要です。

効果
① 記憶力の強化
② スピーキング力の向上―電報文のような短文からの脱却
③ リスニングの弱点把握

リテンション

　聞いた言葉を短時間記憶し保持する力をつけるための訓練です。記憶した内容を分析し理解してから、必ず自分の言葉で再生します。

　最初は1センテンスから始め、慣れてきたら徐々に長い文で練習します。

効果
❶ 集中力と記憶力の向上
❷ 内容分析と理解力の向上
❸ 表現力の向上

サイト・トランスレーション
　目から入ってきた文字情報を口頭で訳す訓練です。語尾は「です、ます」調で処理しましょう。注意点は、文字情報を即座に訳すのではありますが、訳出した文はできるだけ完全な文であることが求められるということです。
　これは、訓練法であるとともに、通訳現場で、原稿に基づく逐次あるいは同時通訳を行う際の重要なスキルでもありますので、プロの通訳者も日常的に行っている訓練です。

効果
❶ 構文の分析のスピードアップ
❷ 口語訳の処理能力向上
❸ 語彙力の向上

クイックレスポンス
　日本語を聞いたらすばやく反応して中国語訳を言う、中国語を聞いたら即座に日本語訳を言う訓練です。この訓練を通じて、日本語と中国語という2つの言語の間を行き来するという脳の使い方に慣れてください。

効果
❶ 反応のスピードアップ
❷ 語彙力の向上

　以上が、主な通訳訓練方法ですが、通訳訓練を行う前に、リーディングやリスニングを強化する必要がある場合は、次の学習方法が有効です。

スラッシュ・リーディング
　スピーディーに原文を理解するために有効であり、先ほど紹介したサイト・トランスレーションをスムーズに行うために必要な練習です。
　意味の区切りでスラッシュ　／　を入れながら読み進み、文の頭から順に

処理し（理解し）、決して「返し読み」をしないというのが約束ごとです。

最初慣れないうちは、ごく短いフレーズ、あるいは単語単位でスラッシュを入れ、徐々に慣れたら、長い情報で区切ってみましょう。

中国語の表記は漢字がびっしり並んでいるだけですから、単語はもちろんのこと、文法や構文がわかっていないと、スラッシュを入れることができません。そういう場合は、文法理解や構文の把握が間違っているのですから、再度文を見直してみてください。

スラッシュ・リスニング

スラッシュを入れる箇所は、上記のスラッシュ・リーディングと同じですが、リスニングの場合のスラッシュは、意味の区切りで入れるほんの短いポーズ（休止）のことを指します。短く区切りながら、聞こえてきた順に意味を考えながら聞き進みます。

わずか0.5秒から1秒程度のポーズが入るだけで、聞こえてきた情報を処理することができます。スラッシュは最初のうちはたくさん入れてもかまいません。慣れてきたら、少ないスラッシュで一度に多くの情報を聞き取れるようになってきます。

ここでは初心者にも分かりやすいように、スラッシュをたくさん入れて、どのように文頭から理解するかというプロセスを紹介します。

リスニングの場合は、スラッシュの位置でポーズ（休止）を入れます。

今年9月15日起，／央行／上调／金融机构人民币存贷款基准利率，／这／是／央行今年内连续第5次加息，／个人公积金贷款利率／也相应上调。／／许多按揭购房者／已开始感受到了／房贷负担增加的压力。／／

由于央行连续加息，／最近，／各家银行／关于提前还贷的咨询者／逐步增多。／／一些市民／开始／前往银行／办理提前还贷手续，／预计／会出现／"提前还贷潮"。／／

《実践例》

今年9月15日起，／	今年9月15日から
央行／	中央銀行は
上调／	引き上げます
金融机构人民币存贷款基准利率，／	金融機関の人民元預貸金基準金利を
这／	これは
是／	です
央行今年内连续第5次加息，／	中央銀行の今年に入って連続5回目の金利引き上げ
个人公积金贷款利率／	個人の住宅積立金金利は／
也相应上调。／／	（も）それに応じて引き上げられました。
许多按揭购房者／	多くのローンで住宅を購入する人は
已开始感受到了／	感じ始めています
房贷负担增加的压力。／／	ローン負担増のプレッシャーを
由于央行连续加息，／	中央銀行の連続金利引き上げにより
最近，／	最近
各家银行／	各銀行は
关于提前还贷的咨询者／	繰り上げ返済に関する相談者が
逐步增多。／／	徐々に増えてきました。
一些市民／	一部の市民は
开始／	始めます
前往银行／	銀行に行って
办理提前还贷手续，／	繰り上げ返済手続きをします
预计／	予想します
会出现／	現れるでしょう
"提前还贷潮"。／／	「繰り上げ返済ブーム」

Lesson 1

北京案内　北京导游

学習のポイント
① 慣用句や四字熟語の訳を工夫する
② 略語や略称に注意する
③ 背景知識および関連知識の重要性を認識する

Step 1

初めて北京を訪れた人に、北京の概況を説明します。北京にある有名な歴史的建造物についてその由来とともに紹介し、また新しい建築物についても簡単に説明しています。

最初に、固有名詞やキーワードなどを覚えましょう。目で確認するだけでなく、必ず声を出して数回読み、記憶してください。

キーワード・キーフレーズ　＊主として本単元に関連した訳語を紹介します。

概要 gàiyào	概要 （がいよう）
北纬 běiwěi	北緯 （ほくい）
东经 dōngjīng	東経 （とうけい）
辽、金、元、明、清 Liáo Jīn Yuán Míng Qīng	遼、金、元、明、清 （りょう、きん、げん、みん、しん）
朝代 cháodài	朝／王朝の時代 （ちょう／おうちょうのじだい）
建都 jiàndū	都を定める （みやこをさだめる）
古迹 gǔjì	旧跡 （きゅうせき）
长城 Chángchéng	万里の長城 （ばんりのちょうじょう）
故宫博物院 Gùgōng Bówùyuàn	故宮博物院 （こきゅうはくぶついん）

周口店 Zhōukǒudiàn	周口店（しゅうこうてん）
颐和园 Yíhéyuán	頤和園（いわえん）
十三陵 Shísānlíng	十三陵（じゅうさんりょう）
天坛 Tiāntán	天壇（てんだん）
世界文化遗产 shìjiè wénhuà yíchǎn	世界文化遺産（せかいぶんかいさん）
《末代皇帝》 Mòdài Huángdì	『ラストエンペラー』
古代皇宫建筑群 gǔdài huánggōng jiànzhùqún	古代宮殿建築群（こだいきゅうでんけんちくぐん）
公元前 gōngyuánqián	紀元前（きげんぜん）
修建 xiūjiàn	建造する（けんぞうする）
修筑 xiūzhù	築造する（ちくぞうする）
雄伟壮观 xióngwěi zhuàngguān	雄大である／壮大である（ゆうだいである／そうだいである）
一日游 yīrìyóu	日帰り旅行（ひがえりりょこう）
申办 shēnbàn	開催を申請する（かいさいをしんせいする）
四通八达 sìtōng bādá	道が四方八方に通じている／交通の便が良い（みちがしほうはっぽうにつうじている／こうつうのべんがよい）
交相辉映 jiāoxiāng huīyìng	［様々な光や色が］互いに照り映える（たがいにてりはえる）
国家体育场"鸟巢" Guójiā Tǐyùchǎng Niǎocháo	ナショナルスタジアム「鳥の巣」
国家游泳中心"水立方" Guójiā Yóuyǒng Zhōngxīn Shuǐ Lìfāng	ナショナルアクアティクスセンター「ウォーターキューブ」

Step 2

付属CDの（トラック1）を1回通して聞いてください。キーワード一覧表を見ながら聞いてもかまいません。

Lesson 1

　Step2 ではまだ訳すことを考えず、CD の音声を聞くことに集中しましょう。

Step ③

　次は、シャドウイングです。（p.2 参照）
　キーワードの一覧を見ずにシャドウイングしてください。1 回目でできなかったら、2 回、3 回と完全にできるまでトレーニングしましょう。

　シャドウイングが易しいと感じる人は、リプロダクションをしてください。（p.2 参照）
　1 文のリピートができたら、2 文、3 文のリピートにも挑戦してみましょう。

Step ④

　逐次通訳（p.100 参照）の練習に入る前に、《学習のポイント》について説明します。

❶慣用句や四字熟語の訳を工夫する

　慣用句や四字熟語の訳は、辞書に書いてあることをそのまま引き写しても適切な訳語とは言えない場合がありますから注意が必要です。
　たとえば、Lesson1 では次の 3 つの成語が出てきますが、前後関係や話の流れに沿って訳語を考えてください。
"雄伟壮观"……「雄大で壮観である」⇒　壮大である
"四通八达"……「（交通が）四方八方に通じる」⇒　交通の便が良い
"交相辉映"……「（様々な色や光が）互いに照り映える」⇒　さまざまな輝きを放つ

❷略語や略称に注意する

　中国語の口語表現では正式名称よりも略語の方を用いる場合が多くあります。例えばこの単元で出てきた"奥运"は"奥林匹克运动会"の略称です。
　よく使われる略語の例を、ごく一部ですが紹介しておきましょう。

名詞の略語 ……"科技（科学技術）"／"通胀（通貨膨胀）"／"人大（人民代表大会）"／"世贸（世界贸易组织）"／"环保（环境保护）"／"邮编（邮政编码）"

動詞の略語 ……"申办（申请举办）"／"调研（调查研究）"／"申购（申请购买）"／"组建（组织建立）"／"促销（促进销售）"

動詞＋名詞の略語 ……"考研（考研究生院）"／"入世（加入世界贸易组织）"／"定岗（决定岗位）"／"侵权（侵犯合法权益）"／"维权（维护合法权益）"

❸背景知識および関連知識の重要性を認識する

　言葉の運用能力は通訳をするうえで大切ですが、知識も言葉同様、極めて重要な要素です。

　この Lesson1 の中には、北京に都を置いた王朝名や北京にある史跡の名称など、固有名詞が次々と出てくる箇所があります。このような名詞の羅列は通訳をする際、大変なプレッシャーを感じるものですが、知識があれば、比較的容易に乗り越えることができます。

　上記の《学習ポイント》を踏まえて、逐次通訳練習を始めます。
最初は1文ごとに訳していきましょう。
　日本語と中国語では語順が異なることを意識しながら、主語＋述語動詞＋目的語というシンプルな構文を駆使して訳してください。
⇨第2部「中国語を日本語に訳す」①②（p.100, 102 参照）参照

Lesson 1

Step ❺

サイト・トランスレーション（p.3 参照）で Lesson1 のまとめをしましょう。

サイト・トランスレーションをする前に、下記のようにスラッシュを入れておくと、よりスムーズに行うことができます。必ず声を出して行いましょう。

＊　　　　　　＊　　　　　　＊

　大家好。／／今天先由我来介绍一下北京的概要。／／北京是中国的首都，／也是政治、经济、交通和文化的中心。／／北京的地理位置是北纬39度，／东经116度。／／面积有1万6千多平方公里，／全市人口大约有1千4百多万人。／／

　北京作为一个古老的城市，／已经有3千多年的历史了。／／辽、金、元、明、清5个朝代先后在这里建都。／／北京的古迹很多，／有长城、故宫博物院、周口店、颐和园、十三陵、天坛等六大世界文化遗产。／／

　大家看过电影《末代皇帝》吗？／／还记得电影中的故宫吗？／／故宫位于北京城的中心，／是明清两朝的皇宫，／也是全世界规模最大、保存最完好的古代皇宫建筑群。／／长城从公元前7、8世纪开始修建，／一直修筑了2千多年。／／这次我们为大家安排了长城一日游，／希望大家亲自体会一下长城的雄伟壮观。／／

　最后介绍一下新北京。／／这些年北京在改革开放、成功申办奥运后，／开始了大规模的城市建设。／／如今的北京，／环线交通网四通八达、鳞次栉比的高楼大厦与古城交相辉映，／设计新颖的国家体育场"鸟巢"、国家游泳中心"水立方"等奥运建筑为北京这座古城增添了新貌。／／我衷心希望大家能在北京玩儿得开心。／／

関連単語

对牛弹琴 duìniú tánqín	馬の耳に念仏（うまのみみにねんぶつ）
画龙点睛 huàlóng diǎnjīng	画竜点睛（がりょうてんせい）
袖手傍观 xiùshǒu pángguān	高みの見物をする／袖手傍観する（たかみのけんぶつをする／しゅうしゅぼうかんする）
飞蛾扑火 fēié pūhuǒ	飛んで火に入る夏の虫（とんでひにいるなつのむし）
道听途说 dàotīng túshuō	聞き伝えの当てにならないうわさ（ききづたえのあてにならないうわさ）
南腔北调 nánqiāng běidiào	なまりが強い（なまりがつよい）
春暖花开 chūnnuǎn huākāi	花咲きうららかな春（はなさきうららかなはる）
班门弄斧 Bānmén nòngfǔ	身の程知らず（みのほどしらず）
千方百计 qiānfāng bǎijì	あらゆる方法を講じる（あらゆるほうほうをこうじる）
文质彬彬 wénzhì bīnbīn	品格があり礼儀正しいさま（ひんかくがありれいぎただしいさま）
得天独厚 détiān dúhòu	特に恵まれている（とくにめぐまれている）
烈日炎炎 lièrì yányán	ぎらぎらと照りつける太陽（ぎらぎらとてりつけるたいよう）
秋色宜人 qiūsè yírén	秋の景色を見て心地よく感じる（あきのけしきをみてここちよくかんじる）
北风呼啸 běifēng hūxiào	北風が吹きすさぶ（きたかぜがふきすさぶ）
金风送爽 jīnfēng sòngshuǎng	秋風が爽やかである（あきかぜがさわやかである）
商务旅游 shāngwù lǚyóu	ビジネストリップ
生态旅游 shēngtài lǚyóu	エコツアー
休闲旅游 xiūxián lǚyóu	レジャーとしての観光旅行
自然景观 zìrán jǐngguān	自然景観（しぜんけいかん）
人文景观 rénwén jǐngguān	文化景観／人文景観（ぶんかけいかん／じんぶんけいかん）

Lesson 1

旅游团队 lǚyóu tuánduì	観光ツアー（かんこうつあー）
旅游散客 lǚyóu sǎnkè	個人旅行（こじんりょこう）
导游人员 dǎoyóu rényuán	観光ガイド（かんこうがいど）
旅行轿车 lǚxíng jiàochē	ワゴン車（わごんしゃ）
旅游指南 lǚyóu zhǐnán	ガイドブック（がいどぶっく）
导游翻译 dǎoyóu fānyì	通訳ガイド（つうやくがいど）
旅游胜地 lǚyóu shèngdì	景勝地（けいしょうち）

● 中国の世界遺産

泰山 Tài Shān	泰山（たいざん）
莫高窟 Mògāo Kū	莫高窟（ばっこうくつ）
黄山 Huáng Shān	黄山（こうざん）
九寨沟风景名胜区 Jiǔzhàigōu Fēngjǐng Míngshèngqū	九寨溝の渓谷の景観と歴史地域（きゅうさいこうのけいこくのけいかんとれきしちいき）
黄龙风景名胜区 Huánglóng Fēngjǐng Míngshèngqū	黄竜の景観と歴史地域（こうりゅうのけいかんとれきしちいき）
武陵源风景名胜区 Wǔlíngyuán Fēngjǐng Míngshèngqū	武陵源の自然景観と歴史地域（ぶりょうげんのしぜんけいかんとれきしちいき）
曲阜孔庙、孔林、孔府 Qūfù Kǒngmiào Kǒnglín Kǒngfǔ	曲阜の孔廟，孔林，孔府（きょくふのこうびょう，こうりん，こうふ）
丽江古城 Lìjiāng Gǔchéng	麗江旧市街（れいこうきゅうしがい）
龙门石窟 Lóngmén Shíkū	竜門石窟（りゅうもんせっくつ）
殷墟 Yīnxū	殷墟（いんきょ）
澳门历史城区 Àomén Lìshǐ Chéngqū	マカオ中心部の歴史的街並み（まかおちゅうしんぶのれきしてきまちなみ）
明清故宫 Míng Qīng Gùgōng	明，清朝の皇宮群（みん、しんちょうのこうきゅうぐん）

大雁塔 Dàyàn Tǎ	大雁塔 (だいがんとう)
布达拉宫 Bùdálā Gōng	ポタラ宮 (ぽたらきゅう)

●日本の世界遺産

法隆寺地域の仏教建造物 (ほうりゅうじちいきのぶっきょうけんぞうぶつ)	法隆寺地区的佛教古迹 Fǎlóng Sì Dìqū de Fójiào Gǔjì
姫路城 (ひめじじょう)	姫路城 Jīlù Chéng
屋久島 (やくしま)	屋久島 Wūjiǔ Dǎo
白神山地 (しらかみさんち)	白神山地 Báishén Shāndì
古都京都の文化財（京都市、宇治市、大津市） (こときょうとのぶんかざい　きょうとし、うじし、おおつし)	古京都的历史建筑（京都、宇治和大津城） Gǔ Jīngdū de Lìshǐ Jiànzhù (Jīngdū Yǔzhì hé Dàjīn Chéng)
白川郷・五箇山の合掌造り集落 (しらかわごう・ごかやまのがっしょうづくりしゅうらく)	白川乡和五箇山历史村落 Báichuān Xiāng hé Wǔgèshān Lìshǐ Cūnluò
原爆ドーム (げんばくどーむ)	广岛和平纪念公园（原爆遗址） Guǎngdǎo Hépíng Jìniàn Gōngyuán (Yuánbào Yízhǐ)
厳島神社 (いつくしまじんじゃ)	严岛神社 Yándǎo Shénshè
古都奈良の文化財 (ことならのぶんかざい)	古奈良的历史遗迹 Gǔ Nàiliáng de Lìshǐ Yíjì
日光の社寺 (にっこうのしゃじ)	日光的神殿与庙宇 Rìguāng de Shéndiàn yǔ Miàoyǔ
琉球王国のグスク及び関連遺産群 (りゅうきゅうおうこくのぐすくおよびかんれんいさんぐん)	琉球王国时期的遗迹和相关建筑 Liúqiú Wángguó Shíqī de Yíjì hé Xiāngguān Jiànzhù
紀伊山地の霊場と参詣道 (きいさんちのれいじょうとさんけいどう)	纪伊山脉圣地和朝圣路线以及周围的文化景观 Jìyī Shānmài Shèngdì hé Cháoshèng Lùxiàn Yíjì Zhōuwéi de Wénhuà Jǐngguān
知床 (しれとこ)	知床 Zhīchuáng
石見銀山遺跡とその文化的景観 (いわみぎんざんいせきとそのぶんかてきけいかん)	石见银山遗迹及其周围的文化景观 Shíjiàn Yínshān Yíjì Jíqí Zhōuwéi de Wénhuà Jǐngguān

Lesson 2

東京案内　东京导游
原宿と秋葉原　原宿和秋叶原

学習のポイント
① 外来語と新語をスムーズに訳す
② 時間を分かりやすく訳す
③ 平易な表現に置き換えて訳す

Step 1

　中国からのツアー客を、東京の原宿と秋葉原に案内します。原宿では竹下通りや「裏原宿」などを案内し、その後秋葉原へ移動して町の様子や特徴を簡単に紹介します。
　最初に、固有名詞やキーワードなどを覚えましょう。目で確認するだけでなく、必ず声を出して数回読み、記憶してください。

キーワード・キーフレーズ　＊主として本単元に関連した訳語を紹介します。

原宿 （はらじゅく）	原宿 Yuánsù
賑わう （にぎわう）	热闹 rènao
おしゃれな〔洋服〕	时髦的〔服装〕 shímáo de〔fúzhuāng〕
雑貨 （ざっか）	杂货 záhuò
オープンカフェ	开放式咖啡店／露天咖啡店 kāifàngshì kāfēidiàn／lùtiān kāfēidiàn
軒を連ねる （のきをつらねる）	有很多店／各种店鳞次栉比 yǒu hěnduō diàn／gèzhǒng diàn líncìzhìbǐ
竹下通り （たけしたどおり）	竹下通／竹下街 Zhúxiàtōng／Zhúxià Jiē
一見 （いっけん）	乍一看 zhà yīkàn
雑然とした （ざつぜんとした）	杂乱的 záluàn de

いわゆる	所谓的 suǒwèi de
原宿らしさ	有原宿风格 yǒu Yuánsù fēnggé
「裏原宿」 (うらはらじゅく)	里原宿／原宿后街 Lǐ Yuánsù／Yuánsù Hòujiē
インターネット	互联网 hùliánwǎng
〔情報を〕キャッチする	捕捉〔信息〕／查找到〔信息〕 bǔzhuō (xìnxī)／cházhǎodào (xìnxī)
秋葉原 (あきはばら)	秋叶原 Qiūyèyuán
電気街 (でんきがい)	电器街／电器商业街／电器一条街 diànqìjiē／diànqì shāngyèjiē／diànqì yītiáojiē
アニメ・コミック専門店 (あにめこみっくせんもんてん)	动漫专卖店 dòngmàn zhuānmàidiàn
フィギュア	卡通模型／塑料模型／手办 kǎtōng móxíng／sùliào móxíng／shǒubàn
ゲーム関連専門店 (げーむかんれんせんもんてん)	游戏专卖店 yóuxì zhuānmàidiàn
「オタクの聖地」 (おたくのせいち)	"宅男宅女的圣地" Zháinán Zháinǚ de shèngdì
歩行者天国 (ほこうしゃてんごく)	步行街 bùxíngjiē
コスプレ	COSPLAY／扮演动漫角色 bànyǎn dòngmàn juésè

Step 2

　付属CDの(トラック2)を1回通して聞いてください。キーワード一覧表を見ながら聞いてもかまいません。

　Step2ではまだ訳すことを考えず、CDの音声を聞くことに集中しましょう。

Lesson 2

Step ③

次は、シャドウイングです。(p.2参照)
キーワードの一覧を見ずに、シャドウイングしてください。1回目でできなかったら、2回、3回と完全にできるまでトレーニングしましょう。

シャドウイングが易しいと感じる人は、リプロダクションをしてください。(p.2参照)
1文のリピートができたら、2文、3文のリピートにも挑戦してみましょう。

Step ④

逐次通訳（p.100参照）の練習に入る前に、《学習のポイント》について説明します。

❶外来語と新語をスムーズに訳す。

私たちは普段何気なく外来語や新語を使っていますが、いざ訳すとなるとなかなか難しいものです。キーワード一覧表をしっかり覚えてから逐次訳練習をしましょう。

❷時間を分かりやすく訳す。

通訳をする際の最も重要な要素の一つが「分かりやすく正確であること」です。聞いている人に分かりやすく、スケジュールや時刻を伝えるよう工夫が必要となります。

例えば、Lesson2では「1時間半後の14時30分には、バスへお戻りください。」というフレーズが出てきますが、これを"给大家一个半小时的观光时间，请在2点半以前回到车上。"のように訳せば、バスへ戻る時刻をより分かりやすく伝えることができます。

❸平易な表現に置き換えて訳す

　敬語や丁寧な日本語表現は、そのまま訳そうとすると少し難しいような感じがします。しかし、元の意味を変えずに、平易な表現に置き換えれば、簡単に訳すことが可能です。

＊原宿へご案内いたします。　　⇒　原宿へ連れていきます。
＊軒を連ねています。　　　　　⇒　並んでいます。　⇒たくさんあります。
＊竹下通りへ参ります。　　　　⇒　竹下通りへ行きます。
＊大勢いらしています。　　　　⇒　大勢来ています。

　上記の《学習ポイント》を踏まえて、逐次通訳練習を始めます。
　最初は１文ごとに訳していきましょう。
　日本語と中国語では語順が異なることを意識しながら、主語＋述語動詞＋目的語というシンプルな構文を駆使して訳してください。
　⇨第２部「日本語を中国語に訳す」（p.104）参照

通訳現場から ❶　通訳基本心得

　　フリーランスの通訳者としての心得をいくつか紹介します。
　　まず、秘密保持です。通訳者として仕事上知り得た情報は一切口外してはいけません。これは最も基本的かつ重要な心得です。
　　次に体調管理に気をつけること。通訳という仕事はかなりハードであり、気力、体力が充実していないとこなせない仕事です。
　　言うまでもないことですが日ごろの幅広い勉強と充分な事前準備を行うことは大切です。普段何もしていないで、仕事が入ったからさて頑張って準備しようと思ってもそうはうまくいきません。
　　この他には、社会人としての一般常識を備えていることでしょうか。例えば時間厳守であるとか、TPOに合った服装を整える、チームを組む仕事ではチームワークを重んじるなど、極めて常識的なことです。

Lesson 2

Step 5

サイト・トランスレーション（p.3参照）でLesson2のまとめをしましょう。

サイト・トランスレーションをする前に、下記のようにスラッシュを入れておくと、よりスムーズに行うことができます。必ず声を出して行いましょう。

    ＊   ＊   ＊

　皆様おはようございます。／／今日はこれから原宿へご案内いたします。／／
　原宿は流行に敏感な若い人たちで賑わう町です。／／おしゃれな洋服や雑貨のお店、オープンカフェなどが軒を連ねています。／／最初に竹下通りへ参りますが、／一見雑然とした細長い通りでは、独特のいわゆる原宿らしさを感じられると思います。／／竹下通りを抜けてしばらく参りますと、「裏原宿」と言われるエリアになります。／／インターネットで情報をキャッチした外国人のお客様も大勢いらしています。／／

　さあ、到着致しました。／／バスはこちらに停車しておりますので、／1時間半後の14時30分には、バスへお戻りください。／／

　皆様おそろいでしょうか。／では原宿を後にしまして、次に秋葉原へ向かいます。／／秋葉原は日本最大の電気街として有名ですけれども、／それだけではありません。／／パソコン関連の店、アニメ・コミック専門店、フィギュアの店、ゲーム関連専門店など家電以外のお店も数多くあり、／「オタクの聖地」とも言われています。／／今日は日曜日ですから歩行者天国でコスプレをしている人も見られると思います。／／こちらの出発時間は17時30分となっています。／／それまでにバスへお戻りください。／／

関連単語

クレープ	可丽饼 kělìbǐng
表参道（おもてさんどう）	表参道 Biǎocāndào
明治神宮（めいじじんぐう）	明治神宫 Míngzhì Shéngōng
浅草（あさくさ）	浅草 Qiǎncǎo
雷門（かみなりもん）	雷门 Léi Mén
浅草寺（せんそうじ）	浅草寺 Qiǎncǎo Sì
仲見世通り（なかみせどおり）	（神社、寺庙前的）商店街 (shénshè、sìmiào qián de) shāngdiànjiē
渋谷（しぶや）	涩谷 Sègǔ
センター街（せんたーがい）	中心街 Zhōngxīn Jiē
スペイン坂（すぺいんざか）	西班牙坡道 Xībānyá Pōdào
池袋（いけぶくろ）	池袋 Chídài
サンシャインシティ	太阳城 Tàiyáng Chéng
レインボー・ブリッジ	彩虹大桥 Cǎihóng Dàqiáo
ネットカフェ	网吧 wǎngbā
アニメ	动画片 dònghuàpiàn
メイドカフェ	女仆咖啡店 nǚpú kāfēidiàn
スイーツ	甜点 tiándiǎn
セレブ	社会名流 shèhuì míngliú
着メロ（ちゃくめろ）	手机铃声 shǒujī língshēng
待ち受け画像（まちうけがぞう）	待机图片 dàijī túpiàn

Lesson 3

企業内通訳　商务翻译

学習のポイント
① 役職名の一般的な訳し方を覚える
② 役職名や肩書き、敬称に注意する
③ ビジネスの場における通訳心得

Step 1

　中国の「青島明明紡織品有限公司」というタオルのメーカーが来日し、得意先である日本の企業を訪問します。日本側企業の部長が社内の応接室で応対し、価格の見通しなどについて話し合います。

　最初に、固有名詞やキーワードなどを覚えましょう。目で確認するだけでなく、必ず声を出して数回読み、記憶してください。

キーワード・キーフレーズ　＊主として本単元に関連した訳語を紹介します。

中国青岛明明纺织品有限公司 Zhōngguó Qīngdǎo Míngmíng Fǎngzhīpǐn Yǒuxiàn Gōngsī	中国青島明明紡織品有限公司 （ちゅうごくちんたおめいめいぼうしょくひんゆうげんこんす）
周薇（人名） Zhōu Wēi	周薇（人名） （しゅうび）
纤维第三部 Xiānwéi Dì-sānbù	繊維第三部 （せんいだいさんぶ）
坂本部长 Bǎnběn Bùzhǎng	坂本部長 （さかもとぶちょう）
约好 yuēhǎo	約束をした／アポイントがある （やくそくをした）
会面 huìmiàn	面会する （めんかいする）
贵公司 guìgōngsī	貴公司／貴社／御社 （きこんす／きしゃ／おんしゃ）
订单 dìngdān	注文書／発注書 （ちゅうもんしょ／はっちゅうしょ）
原料 yuánliào	原料 （げんりょう）

采购 cǎigòu	買い付ける／調達する／仕入れる (かいつける／ちょうたつする／しいれる)
质量 zhìliàng	品質 (ひんしつ)
交货期 jiāohuòqī	納期 (のうき)
越南 Yuènán	ベトナム
差 chà	劣る (おとる)
担当者 (たんとうしゃ)	主管（人）／负责人 zhǔguǎn (rén)／fùzérén
周経理 (しゅうけいり)	周经理 Zhōu jīnglǐ
永井（人名） (ながい)	永井（人名） Yǒngjǐng
弊社 (へいしゃ)	敝公司／我公司 bìgōngsī／wǒgōngsī
綿花 (めんか)	棉花 miánhua
高騰する (こうとうする)	暴涨／剧升 bàozhǎng／jùshēng
タオル	毛巾 máojīn
低価格 (ていかかく)	低廉价格 dīlián jiàgé
競争力を増す (きょうそうりょくをます)	提高竞争力 tígāo jìngzhēnglì
長いつきあい (ながいつきあい)	长期的交往／长期的合作关系 chángqī de jiāowǎng／chángqī de hézuò guānxì
いい値段 (いいねだん)	令人满意的价格 lìngrén mǎnyì de jiàgé

Step ❷

　付属CDの(トラック3)を1回通して聞いてください。キーワード一覧表を見ながら聞いてもかまいません。

　Step2ではまだ訳すことを考えず、CDの音声を聞くことに集中しましょう。

Lesson 3

Step 3

次は、シャドウイングです。(p.2を参照)
キーワードの一覧を見ずに、シャドウイングしてください。1回目でできなかったら、2回、3回と完全にできるまでトレーニングしましょう。

シャドウイングが易しいと感じる人は、リプロダクションをしてください。(p.2参照)
1文のリピートができたら、2文、3文のリピートにも挑戦してみましょう。

Step 4

逐次通訳（p.100参照）の練習に入る前に、《学習のポイント》について説明します。

❶ 役職名の一般的な訳し方を覚える

役職名の訳し方には2通りあります。1つは日本語の部長を"处长 chùzhǎng"、課長を"科长 kēzhǎng"と、相応する中国語の役職名に訳す方法です。もう1つは、日本語の部長を"部长 bùzhǎng"、課長を"课长 kèzhǎng"と、そのまま日本の漢字を中国語読みする方法です。

どちらも正しい方法ですが、比較的よく採用されるのは後者です。その理由の一つはビジネスの場では名刺交換が行われるからであり、名刺には漢字が記されているため、通訳された言葉と名刺上の文字が異なる場合混乱を招くからです。また名刺の裏には英語で役職名などが記されていることも多いので、誤解を招く心配はありません。

❷ 役職名や肩書き、敬称に注意する

日本でも中国でも、ビジネスの場において、肩書きや役職名、敬称などを間違えないことは常識ですが、通訳する際も間違えないように細心の注意を

払う必要があります。

　日本の企業では、他社の人に対し自社の人間について言及したり、紹介したりする際、「弊社の坂本が…」などと自社の人間には敬称をつけないのが普通です。しかし中国では"我们公司的周经理"のように敬称や役職名をつけて呼ぶのが一般的です。このような慣習を理解することもビジネスパーソンとして、また通訳者として必要なことです。

❸ビジネスの場における通訳心得
　ビジネスシーンでは、特に簡潔でスピーディーで正確な訳に努めることが大切です。
　また相手側との関係、役職の上下関係も充分に理解した上で、話し手の意図を素早く正確にキャッチし、通訳に反映させることが求められます。
　ここでは、ビジネスパーソンがよく使う表現を学びますが、シャドウイングやリプロダクションなどで日本語と中国語のビジネス表現を習得してください。

　上記の《学習ポイント》を踏まえて、逐次通訳練習を始めます。
　最初は１文ごとに訳していきましょう。

Lesson 3

Step ⑤

　サイト・トランスレーション（p.3参照）でLesson3のまとめをしましょう。

　サイト・トランスレーションをする前に、スラッシュ（p.10参照）を入れておくと、よりスムーズに行うことができます。必ず声を出して行いましょう。

＊　　　　　　＊　　　　　　＊

（受付にて）
周：你好。我是中国青岛明明纺织品有限公司的周薇。我和纤维第三部的坂本部长约好了下午2点钟会面。
受付：はい、少しお待ちくださいませ。
　　　繊維第三部の担当者がすぐ参ります。
永井：あ、周経理、担当の永井です。お待たせしてすみません。どうぞこちらへ。

（応接室にて）
周：您好，坂本部长。好久不见了，您身体还好吧？
坂本：やあ周経理、お久しぶりです。今日はわざわざ弊社へありがとうございます。お茶をどうぞ。
周：谢谢。我今天来，主要是想了解一下明年贵公司大概能给我们多少订单。
坂本：今年は国際的に綿花の価格が高騰していますから、来年のタオルの製品価格に影響するのではないかと少々心配なんですがね。
周：不能说完全没有影响，不过我们早就安排好了原料的采购，价格估计不会涨得很多。
坂本：そうですか、ここ数年、ベトナムも低価格で競争力を増していますから、私どももかなり厳しい要求をしなくてはならなくなるかもしれません。

周：您的意思，我完全可以理解。不过我们公司不论在价格上，还是产品的质量和交货期上，都不会比越南差的。

坂本：明明紡織さんとは長いつきあいですから、是非いい値段を出して下さるよう期待していますよ。では具体的な話は担当の永井にさせます。申し訳ありませんが、私はここでちょっと失礼いたします。

関連単語

会長 (かいちょう)	董事长 dǒngshìzhǎng
代表取締役社長 (だいひょうとりしまりやくしゃちょう)	总经理／董事长兼总经理 zǒngjīnglǐ／dǒngshìzhǎng jiān zǒngjīnglǐ
専務取締役 (せんむとりしまりやく)	专务董事 zhuānwù dǒngshì
常務取締役 (じょうむとりしまりやく)	常务董事 chángwù dǒngshì
取締役 (とりしまりやく)	董事 dǒngshì
監査役 (かんさやく)	监事 jiānshì
契約する (けいやくする)	签合同 qiān hétong
成約する (せいやくする)	成交 chéngjiāo
契約書 (けいやくしょ)	合同书 hétongshū
単価 (たんか)	单价 dānjià
総額 (そうがく)	总金额 zǒngjīn'é
納期 (のうき)	交货期／交期 jiāohuòqī／jiāoqī
米ドル (べいどる)	美元 Měiyuán
人民元 (じんみんげん)	人民币 Rénmínbì
ユーロ	欧元 Ōuyuán
日本円 (にほんえん)	日元 Rìyuán

Lesson 3

香港ドル (ほんこんどる)	港元／港币 Gǎngyuán／Gǎngbì
ポンド	英镑 Yīngbàng
ルピー	卢比 Lúbǐ
バーツ	泰铢 Tàizhū
ペソ	比索 Bǐsuǒ
得意先 (とくいさき)	老客户 lǎokèhù
クライアント	客户／顾客 kèhù／gùkè
サンプル	样品 yàngpǐn
エア	航空 hángkōng
クレーム	索赔 suǒpéi
アポイントメント／アポ	预约 yùyuē
コレスポンデンス／コレポン	商务函电 shāngwù hándiàn
ネゴシエーション／ネゴ	商务谈判 shāngwù tánpàn
L/C／信用状 (えるしー／しんようじょう)	信用证 xìnyòngzhèng
川下産業 (かわしもさんぎょう)	下游行业 xiàyóu hángyè
原産地証明書 (げんさんちしょうめいしょ)	产地证明书 chǎndì zhèngmíngshū
助理 zhùlǐ	補佐／助手／アシスタント (ほさ／じょしゅ)
経理 jīnglǐ	「経理」／マネージャー／支配人 (けいり／しはいにん)
主管 zhǔguǎn	管轄する／主管／スーパーバイザー (かんかつする／しゅかん)
高級経理 gāojí jīnglǐ	シニアマネージャー／プロジェクトマネージャー
副総裁 fùzǒngcái	副総裁 (ふくそうさい)

首席运营官 shǒuxí yùnyíngguān	最高執行責任者／COO （さいこうしっこうせきにんしゃ）
首席执行官 shǒuxí zhíxíngguān	最高経営責任者／CEO （さいこうけいえいせきにんしゃ）
董事长 dǒngshìzhǎng	「董事長」／会長 （とうじちょう）

関連表現

承知いたしました。かしこまりました。	明白了。
申し訳ございません。	非常抱歉／实在抱歉。
いつもお世話になっております。	经常承蒙您（贵公司）的关照。 总给您添麻烦。
こちらこそお世話になっております。	哪里，哪里。 总是承蒙您（贵公司）多方关照。
大変ありがたく存じます。	非常感谢。不胜感谢。
ご迷惑をお掛けいたしました。	给您（贵公司）添了很多麻烦。
少しお伺いしたいことがあるのですが、	我想请教一下，
おっしゃることはごもっともですが、	您说得有道理，不过…
（名刺の名前が読めない場合）失礼ですが、何とお読みするのでしょうか。	对不起，请问这个字怎么念？
恐れ入ります、少しお話ししたいのですが、お時間をいただけますでしょうか。	我想和您谈一谈，不知道您有时间吗？
佐藤はあいにく外出中です。	真不巧，佐藤现在出去了。
渡辺はただいま席を外しております。	渡边现在不在。
お戻りになりましたら、お電話をいただけますか。	（他、她）回来后，请给我回个电话，可以吗？
鈴木が戻りましたら、電話をするよう申し伝えます。	铃木回来后，我让他（她）给您去电话。
どのようなご用件でしょうか。	请问是什么事？
明日の会議が中止になったとお伝え願えますか？	麻烦您转告他（她）明天的会议取消了。
申し訳ありませんが、電話が少し遠いようです。もう一度おっしゃってくださいますか。	对不起，电话听不太清楚。请您再说一遍，可以吗？

Lesson 4

宴会挨拶　宴会致辞

学習のポイント
① フォーマルな表現に慣れる
② 挨拶の決まり文句を習得する
③ 場面設定に応じた話し方を心がける
④ "以""以便"の訳し方を工夫する

Step 1

　中国情報通信技術研究員訪日団の来日を歓迎して開かれたパーティーの席上、中国側の代表が挨拶をします。来日を歓迎してくれた日本側への丁重なお礼と訪日の目的などが述べられます。
　最初に、キーワードなどを覚えましょう。目で確認するだけでなく、必ず声を出して数回読み、記憶してください。

キーワード・キーフレーズ　＊主として本単元に関連した訳語を紹介します。

尊敬的日本同行 zūnjìng de Rìběn tónghǎng	尊敬する日本の○○業界の皆様 （そんけいするにほんの○○ぎょうかいのみなさま） 尊敬する日本の業界関係者の皆様 （そんけいするにほんのぎょうかいかんけいしゃのみなさま）
各位朋友 gèwèi péngyou	友人の皆様 （ゆうじんのみなさま）
中国信息通信技术研究员访日团 Zhōngguó Xìnxī Tōngxìn Jìshù Yánjiūyuán FǎngRìtuán	中国情報通信技術研究員訪日団 （ちゅうごくじょうほうつうしんぎじゅつけんきゅういんほうにちだん）
为期 wéiqī	〜を期間とする （〜をきかんとする）
精心安排 jīngxīn ānpái	心のこもったお手配 （こころのこもったおてはい）
衷心 zhōngxīn	心から （こころから）
周到的接待 zhōudào de jiēdài	行き届いた応対／行き届いたもてなし （いきとどいたおうたい／いきとどいたもてなし）

热烈欢迎 rèliè huānyíng	暖かい歓迎 (あたたかいかんげい)
亲切笑容 qīnqiè xiàoróng	親しみを感じる笑顔 (したしみをかんじるえがお)
出自肺腑的关怀 chūzì fèifǔ de guānhuái	心からのご配慮 (こころからのごはいりょ)
坚信 jiānxìn	確信する (かくしんする)
地久天长 dìjiǔ tiāncháng	永遠に変わらない (えいえんにかわらない)
信息通信技术 xìnxī tōngxìn jìshù	情報通信技術 (じょうほうつうしんぎじゅつ)
借鉴 jièjiàn	参考にする (さんこうにする)
造福社会和人民 zàofú shèhuì hé rénmín	社会と人民に貢献する (しゃかいとじんみんにこうけんする)
取得圆满的成功 qǔdé yuánmǎn de chénggōng	大成功を収める (だいせいこうをおさめる)
举杯 jǔbēi	グラスをあげる／杯をあげる (さかずきをあげる)
一如既往 yīrú jìwǎng	これまでどおり／今まで同様 (いままでどうよう)

Step ❷

付属CDの(トラック4)を1回通して聞いてください。キーワード一覧表を見ながら聞いてもかまいません。

Step2ではまだ訳すことを考えず、CDの音声を聞くことに集中しましょう。

Step ❸

次は、シャドウイングです。(p.2参照)
キーワードの一覧を見ずに、シャドウイングしてください。1回目でできなかったら、2回、3回と完全にできるまでトレーニングしましょう。

Lesson 4

シャドウイングが易しいと感じる人は、リプロダクションをしてください。(p.2 参照)

1文のリピートができたら、2文、3文のリピートにも挑戦してみましょう。

Step 4

逐次通訳（p.100 参照）の練習に入る前に、《学習のポイント》について説明します。

❶フォーマルな表現に慣れる

パーティーなど、改まった雰囲気の中であいさつをする際、日本語も中国語もそれなりのフォーマルな表現が求められます。尊敬語や謙譲語、丁寧語を用いた表現を意識して学習しましょう。

❷挨拶の決まり文句を習得する

パーティーでの挨拶には、よく使われる決まり文句、定型表現があります。p.33の関連表現を声を出して充分練習してください。

❸場面設定に応じた話し方を心がける

宴会挨拶は、ある程度広い場所で、大勢の人の前で話すという設定です。挨拶をする人の気持ちになって、改まった雰囲気の中にも明るさを保ち、早口にならないよう気をつけて通訳する必要があります。

❹"以""以便"の訳し方を工夫する

Lesson4の本文に"推动中国信息通信技术的应用以造福社会和人民"という一節があります。この中の"以"は接続詞で、"以"の後に目的を述べています。同じ働きをする接続詞に"以便"があり、頻繁に使われる言葉です。

　　　　| A |"以"（または"以便"）| B |

　通常は| B する |ために| A する |と訳すのですが、もし| A　する |と先に訳してしまった場合は、続けて| そうすることによってBする |と訳しましょう。言い直すよりも高く評価されます。

　上記の《学習ポイント》を踏まえて、逐次通訳練習を始めます。
　最初は１文ごとに訳していきましょう。
　日本語は主語をしばしば省略するのに対し、中国語は、日本語ほど主語を省略しません。この違いを踏まえて、不自然な日本語にならないよう注意して訳しましょう。

通訳現場から ❷　言葉が聞き取れない

　スピーカーによっては訛りが強かったり、話すスピードが速すぎたりして、聞き取れない場合があります。また業界内で通用する言葉や表現などは、理解できないこともあります。こういう場合はどうしたらよいでしょう。もしスピーカーに直接聞ける状況にあるならば、すかさず質問をしたり、確認したり、或いはもう一度言ってくれるようお願いしましょう。いくらきちんと事前準備をしても、通訳現場で知らない言葉に出くわすのはよくあることです。「こんなことを聞いたら、この通訳はダメだと思われないだろうか…」などと思い、適当に自分なりの理解で通訳してしまうというのは、一番やってはいけないことです。
　会場設定によっては、直接スピーカーに聞けないこともあるでしょう。そのような場合は、パニックにならず、とにかく冷静に続きを聞くことです。重要な言葉は繰り返して言う場合もよくありますし、その後に続く言葉の中に理解のヒントがある場合も少なくありません。

Lesson 4

Step 5

サイト・トランスレーション（p.3参照）でLesson4のまとめをしましょう。

サイト・トランスレーションをする前に、スラッシュ（p.10参照）を入れておくと、よりスムーズに行うことができます。必ず声を出して行いましょう。

＊　　　　　　＊　　　　　　＊

尊敬的日本同行、各位朋友：

大家好！　今天，中国信息通信技术研究员访日团开始了为期10天的参观考察、访问活动。在此，我们衷心感谢各位日本朋友为我们此次访问所作的精心安排和周到的接待。

我们刚到日本，就受到了日本朋友的热烈欢迎，大家的亲切笑容，出自肺腑的关怀都给我们留下了美好的印象。从日本的同行身上，我们看到了中日合作的美好未来，更加坚信两国的友好感情一定会更加深厚，中日两国人民的友谊一定会地久天长。

我们愿借鉴日本的先进经验，推动中国信息通信技术的应用以造福社会和人民。我相信我们的这次访问一定会取得圆满的成功！

最后，让我们举杯，为了中日双方一如既往的合作，为了我们的事业，更为了我们的使命！

干杯！

谢谢大家！

関連表現

各位女士、各位先生 gèwèi nǚshì、gèwèi xiānsheng	ご来場（らいじょう）の皆様／ご列席（れっせき）の皆様
各位来宾 gèwèi láibīn	ご来賓（らいひん）の皆様
尊敬的铃木先生 zūnjìng de Língmù xiānsheng	尊敬する鈴木様
对～表示衷心感谢。 duì～biǎoshì zhōngxīn gǎnxiè.	～に心からお礼申し上げます。／～に衷心（ちゅうしん）より感謝申し上げます。
对～深表谢意。 duì～shēnbiǎo xièyì.	～に深く感謝いたします。
我提议举杯。 wǒ tíyì jǔbēi.	乾杯の提案（ていあん）をさせていただきます。
请允许我借主人的酒杯 Qǐng yǔnxǔ wǒ jiè zhǔrén de jiǔbēi	僭越（せんえつ）ながら、ご主人側の杯（さかずき）をお借りしまして
为了（为）～而干杯。 wèile(wèi)～ér gānbēi.	～のために乾杯しましょう。
请李主任致祝酒词。 Qǐng Lǐ zhǔrèn zhì zhùjiǔcí.	李主任に乾杯の音頭（おんど）をお願いいたします。／乾杯のご挨拶をお願いいたします。
下面请佐藤先生讲几句话。 Xiàmiàn qǐng Zuǒténg xiānsheng jiǎng jǐjù huà.	続きまして、佐藤さんに一言ご挨拶をお願い致します。
祝愿贵协会的事业更加兴旺发达。 Zhùyuàn guì xiéhuì de shìyè gèngjiā xīngwàng fādá.	貴協会の事業のますますのご発展を祈念（きねん）申し上げます。
代表団の皆様が入場されます。盛大な拍手でお迎えください。	请大家以热烈的掌声欢迎代表团的各位入场。 Qǐng dàjiā yǐ rèliè de zhǎngshēng huānyíng dàibiǎotuán de gèwèi rùchǎng.
ここで、代表団の皆さんが退場されますので、温かい拍手でお見送りください。	让我们用热烈的掌声欢送代表团的各位退场。 Ràng wǒmen yòng rèliè de zhǎngshēng huānsòng dàibiǎotuán de gèwèi tuìchǎng.
皆様方のご健勝を心よりお祈り申し上げます。	衷心祝愿各位身体健康，工作顺利。 Zhōngxīn zhùyuàn gèwèi shēntǐ jiànkāng, gōngzuò shùnlì.
大変、名残惜（なごりお）しくは存じますが、予定の時間がまいりましたので、本日のパーティーはこのへんでお開きにさせていただきます。	真感到有些依依不舍，但是时间已经到了。今天的宴会就到此结束。 Zhēn gǎndào yǒuxiē yīyībùshě, dànshí shíjiān yǐjīng dào le. Jīntiān de yànhuì jiù dàocǐ jiéshù.

Lesson 5

中国事情　中国現状
高齢化　　　老齢化

CD トラック 5

学習の ポイント
① 数字のメモを取る
② 固有名詞を間違えないよう注意する
③ 関連知識の収集方法

Step ①

日本だけでなく、中国でも高齢化が急速に進んでいます。中国における高齢化について具体的な数値を示し、高齢化が社会に与える様々な影響について話しています。

最初に、キーワードを覚えましょう。目で確認するだけでなく、必ず声を出して数回読み、記憶してください。

キーワード・キーフレーズ　＊主として本単元に関連した訳語を紹介します。

人口老龄化 rénkǒu lǎolínghuà	高齢化 (こうれいか)
物质生活水平 wùzhì shēnghuó shuǐpíng	物質面の生活水準 (ぶっしつめんのせいかつすいじゅん)
人类 rénlèi	人類／人間／人 (じんるい／にんげん／ひと)
寿命 shòumìng	寿命 (じゅみょう)
老年人 lǎoniánrén	高齢者 (こうれいしゃ)
比重 bǐzhòng	割合 (わりあい)
预计 yùjì	予想する (よそうする)
由此可见 yóucǐ kějiàn	このことから分かる (このことからわかる)

步入 bùrù	～に入る （～にはいる）
老龄化社会 lǎolínghuà shèhuì	高齢化社会 （こうれいかしゃかい）
负面影响 fùmiàn yǐngxiǎng	マイナスの影響 （まいなすのえいきょう）
劳动人口 láodòng rénkǒu	労働力人口 （ろうどうりょくじんこう）
劳动适龄人口 láodòng shìlíng rénkǒu	生産年齢人口 （せいさんねんれいじんこう）
加重 jiāzhòng	重くなる （おもくなる）
赡养负担 shànyǎng fùdān	扶養の負担 （ふようのふたん）
经济保障 jīngjì bǎozhàng	経済的保障 （けいざいてきほしょう）
核心家庭 héxīn jiātíng	核家族 （かくかぞく）
照料 zhàoliào	世話をする／面倒をみる （せわをする／めんどうをみる）
空巢老人家庭 kōngcháo lǎorén jiātíng	子どもが巣立ち老夫婦だけが残った家庭 （こどもがすだちろうふうふだけがのこったかてい）
引发 yǐnfā	引き起こす （ひきおこす）
凸显 tūxiǎn	はっきりと現れる （はっきりとあらわれる）
《老年人权益保障法》 lǎoniánrén quányì bǎozhàngfǎ	『高齢者権益保障法』 （こうれいしゃけんえきほしょうほう）
正视 zhèngshì	直視する （ちょくしする）
老有所养 lǎoyǒu suǒyǎng	高齢者が扶養を得る （こうれいしゃがふようをえる）
老有所医 lǎoyǒu suǒyī	高齢者が医療を得る （こうれいしゃがいりょうをえる）
老有所乐 lǎoyǒu suǒlè	高齢者が喜びを得る （こうれいしゃがよろこびをえる）

Step 2

　付属CDの（トラック5）を1回通して聞いてください。キーワード一覧表を見ながら聞いてもかまいません。

Lesson 5

　Step2ではまだ訳すことを考えず、CDの音声を聞くことに集中しましょう。

Step ③

　次は、シャドウイングです。（p.2を参照）
　キーワードの一覧を見ずに、シャドウイングしてください。1回目でできなかったら、2回、3回と完全にできるまでトレーニングしましょう。

　シャドウイングが易しいと感じる人は、リプロダクションをしてください。（p.2参照）
　1文のリピートができたら、2文、3文のリピートにも挑戦してみましょう。

Step ④

　逐次通訳（p.100参照）の練習に入る前に、《学習のポイント》について説明します。

❶数字のメモを取る

　この単元では、年齢やパーセンテージなど数字を多く扱っています。単純な数字でしたら記憶するのは比較的容易ですが、複数の数字が出てくると、記憶を再生する際に混乱し、ミスを犯すこともあります。そのようなことがないように、数字は必ずメモしてください。またその際、その数字が「年」を表すのか、「パーセンテージ」を示すのか分かりやすくメモを取ることが大切です。

❷固有名詞を間違えないよう注意する

　人名、地名、団体や企業名、またこの単元で扱う法律の名称などは固有名

詞ですから、言い間違いなどは許されません。通訳する前の準備段階で、充分声に出して練習し頭に入れておきましょう。間違えないように小さなメモを手元に置くのも良いことです。もし間違えた場合は即座に訂正してください。

❸関連知識の収集方法

　背景知識や関連知識が大切であることはLesson1でも強調しましたが、実際にはどのようにして関連知識を得れば良いのでしょうか。

　最も手軽なのはインターネットで検索する方法です。この単元についての関連知識を得るのであれば、日本語の検索エンジンで 中国　高齢化 などと入力すれば、容易に調べられるでしょう。同様に中国語の検索エンジンで 中国　老齢化 と入力すると、中国語の関連知識も得ることができ、ある程度自信を持って通訳の場に臨めます。

　上記の《学習のポイント》を踏まえて、逐次通訳練習を始めます。
　最初は1文ごとに訳していきましょう。

通訳現場から ❸　間違えた。間違いを指摘された

　通訳者も人間ですから、間違うこともあります。自分で「しまった、間違えた」と気づく場合と、クライアントや聴衆から間違いを指摘されるケースがあると思います。
　このような場合、あなたならどうしますか？　間違えたのは自分のミスだからすぐに謝るのが良いと考えるでしょうか。
　プロの通訳者なら、やたらと恐縮したり、お詫びしたりしません。慌てず騒がず、顔色を変えず、即座に間違いを訂正して、それで終わりです。
　その都度落ち込んだり、ドキドキ動揺したり、失敗をひきずっていては仕事になりません。すぐ気持ちを切り替えて、次の訳に取り掛かることを最優先させるべきです。

Lesson 5

Step 5

サイト・トランスレーション（p.3参照）でLesson5のまとめをしましょう。

サイト・トランスレーションをする前に、スラッシュ（p.10参照）を入れておくと、よりスムーズに行うことができます。必ず声を出して行いましょう。

＊　　　　　　＊　　　　　　＊

人口老龄化是社会经济发展的必然结果。随着人们物质生活水平的提高，人类的寿命不断得到延长，自然而然造成了人口的老龄化。国际上普遍将65岁以上的人称为老年人，如果一个国家或地区65岁以上的人口占总人口的7％，那么就可以说是人口老龄化。

中国目前65岁以上的人口在总人口中的比重大约为11％，并且预计2010年将超过12％，2050年将达到21％。由此可见，中国也已步入了老龄化社会。

人口老龄化对经济和社会发展会产生许多负面影响。例如：劳动人口相对减少会加重劳动适龄人口的赡养负担。特别是中国的农村老年人的经济保障是个大问题。我国广大的农村老年人主要还是依赖子女，但是由于农村收入低，核心家庭增多，所以加重了子女照料老人的负担。同样，城市空巢老人家庭增多，引发的社会问题也日益凸显。

针对人口老龄化的问题，制度的保障是非常重要的。中国政府在1996年通过了《老年人权益保障法》，对保障老年人合法权益作了具体规定。

人口老龄化问题终归是我们每个人都要正视的问题。如果我们的老年人能够老有所养、老有所医、老有所乐，我认为那才能真正说是社会发展了。

関連単語

总和生育率 zǒnghé shēngyùlǜ	合計特殊出生率（ごうけいとくしゅしゅっしょうりつ）
人口红利 rénkǒu hónglì	人口ボーナス
人口负债 rénkǒu fùzhài	人口オーナス
人口增长势能 rénkǒu zēngzhǎng shìnéng	人口モメンタム
总抚养比 zǒngfǔyǎngbǐ	従属人口指数（じゅうぞくじんこうしすう）
人口年龄金字塔 rénkǒu niánlíng jīnzìtǎ	人口ピラミッド
人口自然增长率 rénkǒu zìrán zēngzhǎnglǜ	自然増加率（しぜんぞうかりつ）
养老保障体系 yǎnglǎo bǎozhàng tǐxì	高齢者扶養システム（こうれいしゃふようしすてむ）
社会统筹基金 shèhuì tǒngchóu jījīn	社会プール基金（しゃかいぷーるききん）
四二一综合征 sìèryī zōnghézhēng	四二一症候群（よんにいちしょうこうぐん）
银色浪潮 yínsè làngcháo	高齢化の波（こうれいかのなみ）
上门照护服务 shàngmén zhàohù fúwù	訪問介護サービス（ほうもんかいごさーびす）
年金（ねんきん）	养老金 yǎnglǎojīn
継続雇用（けいぞくこよう）	继续雇用 jìxù gùyòng
少子化問題（しょうしかもんだい）	少子化問題 shǎozǐhuà wèntí
QOL	生活质量 shēnghuó zhīliàng
介護保険制度（かいごほけんせいど）	护理保险制度 hùlǐ bǎoxiǎn zhìdù
平均余命（へいきんよめい）	人口平均预期寿命 rénkǒu píngjūn yùqī shòumìng
人口構成（じんこうこうせい）	人口结构 rénkǒujiégòu
デイサービスセンター	日间照料中心（托老所） rìjiān zhàoliào zhōngxīn (tuōlǎosuǒ)

Lesson 6

日本事情　日本現状

学習のポイント
① 身近な経済用語を理解し習得する
② 形容詞・形容動詞の中国語訳に注意する
③ 接続助詞「～が」「～けれども」を慎重に訳す

Step 1

　サブテーマを「豊かな生活とは」とする説明会の一節です。経済的に豊かであることイコール真に豊かな生活なのか、話し手は具体例を示しながら、親しく聴衆に問いかけます。

　最初に、キーワードを覚えましょう。目で確認するだけでなく、必ず声を出して数回読み、記憶してください。

キーワード・キーフレーズ　＊主として本単元に関連した訳語を紹介します。

豊か（ゆたか）	富裕／幸福　fùyù / xìngfú
GDP	GDP（国内生产总值）(guónèi shēngchǎn zǒngzhí)
一人当たり（ひとりあたり）	人均　rénjūn
国民所得（こくみんしょとく）	国民收入　guómín shōurù
データ	数据　shùjù
裏付ける（うらづける）	证实／印证　zhèngshí / yìnzhèng
豊かな生活（ゆたかなせいかつ）	富裕的生活　fùyù de shēnghuó
「ノー」	不／不是　bù / bùshì
物価（ぶっか）	物价　wùjià

土地の値段 (とちのねだん)	土地价格 tǔdì jiàgé
住宅 (じゅうたく)	住宅 zhùzhái
恐縮 (きょうしゅく)	不好意思／対不起 bùhǎoyìsi／duìbuqǐ
一世帯当たり (いちせたいあたり)	平均毎户／平均毎个家庭 píngjūn měihù／píngjūn měige jiātíng
平均所得 (へいきんしょとく)	平均收入 píngjūn shōurù
ローン	按揭／房贷 ànjiē／fángdài
東京郊外 (とうきょうこうがい)	东京郊区 Dōngjīng jiāoqū
3LDK (さんえるでぃーけー)	三室两厅 sānshì liǎngtīng
オーストラリア人の友人 (おーすとらりあじんのゆうじん)	澳大利亚朋友 Àodàlìyà péngyou
庭付き一戸建て (にわつきいっこだて)	独栋（小楼）带院子／别墅 dúdòng (xiǎolóu) dài yuànzi／biéshù
休暇 (きゅうか)	休假 xiūjià
ゆったり	轻松／悠闲自在 qīngsōng／yōuxián zìzài
ゆとり	余地 yúdì
ワーク・ライフ・バランス／WLB	工作与生活的协调 gōngzuò yǔ shēnghuó de xiétiáo
注目 (ちゅうもく)	关注 guānzhù

Step 2

　付属CDの (トラック6) を1回通して聞いてください。キーワード一覧表を見ながら聞いてもかまいません。

　Step2ではまだ訳すことを考えず、CDの音声を聞くことに集中しましょう。

Lesson 6

Step ❸

次は、シャドウイングです。(p.2を参照)

キーワードの一覧を見ずに、シャドウイングしてください。1回目でできなかったら、2回、3回と完全にできるまでトレーニングしましょう。

シャドウイングが易しいと感じる人は、リプロダクションをしてください。(p.2参照)

1文のリピートができたら、2文、3文のリピートにも挑戦してみましょう。

Step ❹

逐次通訳（p.100 参照）の練習に入る前に、《学習のポイント》について説明します。

❶身近な経済用語を理解し習得する

経済は私たちの生活と密接に関わっています。普段の生活で見たり聞いたりする経済用語だけでもかなりの数に上ります。通訳の知識としてだけでなく、一般常識としてこれらの経済用語を日本語と中国語で習得し、その意味も正しく理解するよう努めましょう。

❷形容詞・形容動詞の中国語訳に注意する

日本語の形容詞や形容動詞を中国語に訳す時は、細心の注意が必要です。話のテーマや、文の前後関係から、どういう意味なのかを分析してから訳語を決める必要があります。

Lesson6 では、「豊かな」という言葉が頻繁に使われています。ここで言う「豊か」とは経済的に恵まれているのか、精神に余裕があり落ち着いていることを指すのか、または量がたっぷりあることなのか、きちんと考えて訳さないと誤訳しかねません。この他に「やさしい」、「おそろしい」なども、

いろいろな意味で用いられますからよく分析して訳すようにしましょう。

❸接続助詞「〜が」「〜けれども」を慎重に訳す

　「〜が」や、「〜けれども」などという接続助詞は頻繁に用いられ、その意味を間違って解釈することはまずないでしょう。ところが通訳をし始めますと、「〜が」や「〜けれども」を意識しすぎるあまり、逆接の働きしか思いつかない場合が多々あります。これらの接続助詞には、単に前と後ろの句を結びつけるだけという働きがあることも忘れないように気をつけたいものです。

　上記の《学習ポイント》を踏まえて、逐次通訳練習を始めます。
　最初は１文ごとに訳していきましょう。
　日本語と中国語では語順が異なることを意識しながら、主語＋述語動詞＋目的語というシンプルな構文を駆使して訳してください。

通訳現場から ❹　**事前情報が少ない**

　仕事によっては、事前に提供される情報が極端に少ない場合があります。通訳者としてはこの時点でかなりの不安を覚えるものですが、一度引き受けてしまった仕事ですからもう後戻りはできません。出来る限りの、その時点における最大限の努力をして通訳当日に備えることです。
　しかし、通訳者にとってこれよりも衝撃が大きいのは、事前資料や情報にもとづいて準備をして現場に出かけたら、当日になって討議の内容やスピーチテーマが一部変更になったというケースです。極めてまれですが、このようなこともあり得るのです。こういう場合は、状況を冷静に把握し、落ち着いて、通訳することに集中することです。
　言葉のうえでの対応力もさることながら、このような予想外の事柄に対する柔軟な対応力も、通訳者にとって大事ではないかと思います。

Lesson 6

Step 5

　サイト・トランスレーション（p.3参照）でLesson6のまとめをしましょう。

　サイト・トランスレーションをする前に、スラッシュ（p.10参照）を入れておくと、よりスムーズに行うことができます。必ず声を出して行いましょう。

＊　　　　　＊　　　　　＊

　一般的に日本は経済的に豊かな国だと言われていますね。GDPとか1人当たりの国民所得などのデータは、日本は経済的に豊かであることを裏付けています。

　では、私たち日本人は本当に豊かな生活を送っているんでしょうか。これについては、かなりの日本人が「ノー」と答えると思います。物価や土地や住宅の値段がすごく高いですからね。個人的な話で恐縮ですが、私は大学を卒業して25年というもの、一生懸命働いてきました。日本の一世帯当たりの平均所得は600万円前後らしいのですが、その平均を少し上回る所得を得ています。それなのに私がローンでやっと買えた住宅は東京郊外の3LDKのマンションです。これに対し、私のオーストラリア人の友人ですけれども、年収は私の半分以下にもかかわらず、広い庭付きの一戸建てに住み、さらに休暇をゆったり過ごすゆとりも持っています。さて、私と彼、どちらが豊かだと言えるでしょう。

　最近一部の企業ではワーク・ライフ・バランスの重要性に注目しているようですが、私たち日本人一人一人が「自分が求める豊かな生活とはどういうものなのか」を本気で考える時期にきているのではないでしょうか。

関連単語

外国為替 (がいこくかわせ)	外汇 wàihuì
為替レート (かわせれーと)	汇率 huìlǜ
中央銀行 (ちゅうおうぎんこう)	中央银行／央行 zhōngyāng yínháng／yāngháng
日本銀行 (にほんぎんこう)	日本银行 Rìběn Yínháng
中国人民銀行 (ちゅうごくじんみんぎんこう)	中国人民银行 Zhōngguó Rénmín Yínháng
円高 (えんだか)	日元升值 Rìyuán shēngzhí
円安 (えんやす)	日元贬值 Rìyuán biǎnzhí
インフレ	通胀／通货膨胀 tōngzhàng／tōnghuò péngzhàng
デフレ	通缩／通货紧缩 tōngsuō／tōnghuò jǐnsuō
金利 (きんり)	利率 lìlǜ
外貨預金 (がいかよきん)	外汇存款 wàihuì cúnkuǎn
国債 (こくさい)	国债／国库券 guózhài／guókùquàn
株価 (かぶか)	股价 gǔjià
株主 (かぶぬし)	股东 gǔdōng
株式市場 (かぶしきしじょう)	股市 gǔshì
持株会社／ホールディングカンパニー (もちかぶがいしゃ)	控股公司 kònggǔ gōngsī
所得税 (しょとくぜい)	所得税 suǒdéshuì
住民税 (じゅうみんぜい)	居民税 jūmínshuì
生命保険会社 (せいめいほけんがいしゃ)	人寿保险公司 rénshòu bǎoxiǎn gōngsī
証券会社 (しょうけんがいしゃ)	证券公司 zhèngquàn gōngsī

Lesson 7

気象　气象

学習のポイント
① 中国語のスピードに対応する
② 報道に相応しい表現を用いる
③ "指出""还表示"などを聞きやすく訳す
④ 専門用語を習得する

Step 1

　中国の暖冬に関するニュースです。地球温暖化に伴う異常気象が及ぼす様々な影響について触れ、環境問題についても言及しています。
　最初に、固有名詞やキーワードなどを覚えましょう。目で確認するだけでなく、必ず声を出して数回読み、記憶してください。

キーワード・キーフレーズ
＊主として本単元に関連した訳語を紹介します。

气象局副局长 qìxiàngjú fùjúzhǎng	気象局副局長（きしょうきょくふくきょくちょう）
李辉（人名）Lǐ Huī	李輝（人名）（りき）
新闻发布会 xīnwén fābùhuì	プレスカンファレンス
摄氏 Shèshì	摂氏（せっし）
气候反常 qìhòu fǎncháng	異常気象（いじょうきしょう）
汛期 xùnqī	増水期（ぞうすいき）
气候趋势 qìhòu qūshì	気象傾向（きしょうけいこう）
干旱缺水形势 gānhàn quēshuǐ xíngshì	干ばつ・水不足の情勢（かんばつ・みずぶそくのじょうせい）
大洪水 dàhóngshuǐ	大洪水（だいこうずい）

防汛抗旱救灾 fángxùn kànghàn jiùzāi	洪水・干ばつ・被災者救済対策 （こうずい・かんばつ・ひさいしゃきゅうさいたいさく）
及时 jíshí	すぐに／ただちに
发布 fābù	発表する／〔命令を〕出す （はっぴょうする／だす）
灾害性天气警报 zāihàixìng tiānqì jǐngbào	気象警報 （きしょうけいほう）
专家 zhuānjiā	専門家 （せんもんか）
全球变暖 quánqiú biànnuǎn	地球温暖化 （ちきゅうおんだんか）
大气环流 dàqì huánliú	大気循環 （たいきじゅんかん）
厄尔尼诺现象 È'ěrnínuò xiànxiàng	エルニーニョ現象 （えるにーにょげんしょう）
日益 rìyì	日増しに／ますます （ひましに）
温室效应 wēnshì xiàoyìng	温室効果 （おんしつこうか）
二氧化碳排放 èryǎnghuàtàn páifàng	二酸化炭素排出 （にさんかたんそはいしゅつ）
控制 kòngzhì	抑制する／コントロールする （よくせいする）
刘慧燕（人名） Liú Huìyàn	劉慧燕（人名） （りゅうけいえん）

Step ❷

　付属CDの（トラック7）を1回通して聞いてください。キーワード一覧表を見ながら聞いてもかまいません。

　Step2ではまだ訳すことを考えず、CDの音声を聞くことに集中しましょう。

Lesson 7

Step ③

次は、シャドウイングです。(p.2 参照)

キーワードの一覧を見ずに、シャドウイングしてください。1回目でできなかったら、2回、3回と完全にできるまでトレーニングしましょう。

シャドウイングが易しいと感じる人は、リプロダクションをしてください。(p.2 参照)

1文のリピートができたら、2文、3文のリピートにも挑戦してみましょう。

Step ④

逐次通訳（p.100 参照）の練習に入る前に、《学習のポイント》について説明します。

❶中国語のスピードに対応する

テレビのニュースを想定していますので、ナチュラルスピードよりも速い中国語です。まずリスニングの段階で難しいと感じるかもしれませんが、キーワードをマスターした上で、スラッシュ・リスニング（p.4 参照）を数回訓練してください。

❷報道に相応しい表現を用いる

ニュース報道ですから、だらだらした緊張感に欠ける表現はふさわしくありません。例えば、"昨天"を「きのう」と訳すよりも「さくじつ」、"預測"は「予想されます」よりも「予測されます」の方がより適切な場合もあるでしょう。簡潔でコンパクトな訳を心がけ、あたかも日本語のニュースを読んでいるように聞こえるというのが目標です。

❸"指出""还表示"などを聞きやすく訳す

ニュース原稿や、新聞記事には、次のようなフレーズがよく出てきます。
　　a：陈教授在报告中指出，～～。
　　b：普京总统还表示，～～。
　　aの"指出"、bの"还表示"の後ろの文の長さによって、訳し方を工夫すると大変聞きやすくなります。
１）"指出""还表示"の後ろの文章が比較的短い場合は、普通の述語動詞を訳すように処理します。
　　a：陳教授はレポートの中で～～と指摘しました。
　　b：プーチン大統領はまた～～と述べました。
２）"指出""还表示"の後ろの文章が長い場合は、"指出""还表示"まででいったん文章を区切って、２つの文に分けて訳します。（分訳…「日本語を中国語に訳す」p.101参照）
　　a：陳教授はレポートの中で次のように指摘しました。（続けて後ろの文
　　　章を訳す）
　　b：プーチン大統領はまた次のように述べました。（続けて後ろの文章を
　　　訳す）

❹ 専門用語を習得する
　この単元では、気象と気候変動に関する専門用語がいくつか出てきます。専門用語というのは、なじみのない言葉であるだけに、覚えるのも大変ですが、専門用語の習得を避けて通訳をすることはできません。何度も声に出して中国語と日本語の音声を記憶し、音声で反応できるようトレーニングを積むことが肝要です。

　上記の《学習ポイント》を踏まえて、逐次通訳練習を始めます。
　最初は１文ごとに訳していきましょう。
　日本語と中国語では語順が異なることを意識しながら、主語＋述語動詞＋目的語というシンプルな構文を駆使して訳してください。

Lesson 7

Step 5

サイト・トランスレーション（p.3 参照）でLesson7のまとめをしましょう。

サイト・トランスレーションをする前に、スラッシュ（p.10 参照）を入れておくと、よりスムーズに行うことができます。必ず声を出して行いましょう。

　　　　　　　　＊　　　　　　＊　　　　　　＊

我市气象局副局长李辉在今天的新闻发布会上指出，去年12月到今年2月，本市的平均气温高达摄氏8度，是100多年来最暖的一个冬天。由于我国部分地区气候反常，预测今年汛期的气候趋势是一部分地区干旱缺水形势相当严峻，而部分流域发生大洪水的可能性较大，因此防汛抗旱救灾任务将十分繁重。作为气象局，将及时向公众发布灾害性天气警报，最大限度地减轻气象灾害可能造成的损失。

据专家分析，近年来的气候反常主要有三个方面的原因：一是全球变暖的背景，二是厄尔尼诺现象，三是大气环流的影响。另外，厄尔尼诺现象的发生与人类自然环境的日益恶化有关，是地球温室效应造成的结果。而温室效应增加的主要原因是由于二氧化碳排放的增多，如何控制二氧化碳的排放是人类共同面临的挑战。本台记者刘慧燕报道。

関連単語

天气预报 tiānqì yùbào	天気予報 （てんきよほう）
热岛效应 rèdǎo xiàoyìng	ヒートアイランド現象 （ひーとあいらんどげんしょう）
台风 táifēng	台風 （たいふう）

湿度 shīdù	湿度 （しつど）
花粉过敏症 huāfěn guòmǐnzhèng	花粉症 （かふんしょう）
冷锋 lěngfēng	寒冷前線 （かんれいぜんせん）
暖锋 nuǎnfēng	温暖前線 （おんだんぜんせん）
拉尼娜现象 Lānínà xiànxiàng	ラニーニャ現象 （らにーにゃげんしょう）
雪崩 xuěbēng	雪崩 （なだれ）
海啸 hǎixiào	津波 （つなみ）
龙卷风 lóngjuǎnfēng	竜巻 （たつまき）
火山爆发 huǒshān bàofā	火山が爆発する （かざんがばくはつする）
冰冻 bīngdòng	凍る （こおる）
热暑 rèshǔ	酷暑 （こくしょ）
洪涝 hónglào	洪水と冠水 （こうずいとかんすい）
飓风 jùfēng	ハリケーン
酸性雨 （さんせいう）	酸雨 suānyǔ
「京都議定書」 （きょうとぎていしょ）	《京都议定书》 Jīngdū Yìdìngshū
炭化水素 （たんかすいそ）	碳氢化合物 tànqīng huàhéwù
微粒子／エアロゾル （びりゅうし）	悬浮颗粒物 xuánfú kēlìwù
オゾン層	臭氧层 chòuyǎngcéng
モンスーン	季风 jìfēng
台風の目 （たいふうのめ）	台风眼 táifēngyǎn

Lesson 8

教育　教育

学習のポイント
① 日中の制度の違いを踏まえて訳す
② 日本語と中国語のスムーズな切り替え
③ 教育関連用語を習得する

Step 1

　日本と中国の教育問題の専門家が、対談形式でそれぞれの国の学校制度を紹介し、教育関連問題について話し合います。

　最初に、キーワードなどを覚えましょう。目で確認するだけでなく、必ず声を出して数回読み、記憶してください。

キーワード・キーフレーズ　＊主として本単元に関連した訳語を紹介します。

中专 zhōngzhuān	中等専門学校／中専 （ちゅうとうせんもんがっこう／ちゅうせん）
大专 dàzhuān	高等専門学校／大専 （こうとうせんもんがっこう／だいせん）
义务教育 yìwù jiàoyù	義務教育 （ぎむきょういく）
特殊教育 tèshū jiàoyù	特殊教育 （とくしゅきょういく）
附设特教班 fùshè tèjiàobān	付設の特別クラス／特別（支援）学級 （ふせつのとくべつくらす／とくべつ（しえん）がっきゅう）
弱智儿童辅读学校 ruòzhì értóng fǔdú xuéxiào	知的障害児のための学校 （ちてきしょうがいじのためのがっこう）
农村留守儿童 nóngcūn liúshǒu értóng	出稼ぎ世帯の子供 （でかせぎせたいのこども）
人格 réngé	人格 （じんかく）
欠缺 qiànquē	不十分である （ふじゅうぶんである）
提升 tíshēng	引き上げる／向上させる （ひきあげる／こうじょうさせる）

素养 sùyǎng	素養／リテラシー （そよう）
"百年大计，教育为本" bǎinián dàjì jiàoyù wéiběn	百年の大計は教育をその根本とする （ひゃくねんのたいけいはきょういくをそのこんぽんとする）
息息相关 xīxī xiāngguān	密接に関わる （みっせつにかかわる）
全日制 （ぜんにちせい）	全日制 quánrìzhì
定時制 （ていじせい）	夜校（高中）／非全日制（高中） yèxiào (gāozhōng)／fēi quánrìzhì (gāozhōng)
通信制 （つうしんせい）	函授（高中） hánshòu (gāozhōng)
障害のある児童生徒 （しょうがいのあるじどうせいと）	残障儿童 cánzhàng értóng
盲学校 （もうがっこう）	盲人学校 mángrén xuéxiào
聾学校 （ろうがっこう）	聋哑学校 lóngyǎ xuéxiào
養護学校 （ようごがっこう）	养护学校 yǎnghù xuéxiào
学力低下傾向 （がくりょくていかけいこう）	学力下降的趋势 xuélì xiàjiàng de qūshì
有識者 （ゆうしきしゃ）	有识之士 yǒushí zhī shì
資質向上 （ししつこうじょう）	提高素质 tígāo sùzhì
文部科学省 （もんぶかがくしょう）	（日本）文部科学省 (Rìběn) Wénbùkēxué Shěng
アクションプラン	行动计划 xíngdòng jìhuà

＊平成19年4月1日、学校教育法の一部が改正され、「盲学校・聾学校・養護学校」という名称は「特別支援学校」に一本化されました。

Step ❷

付属CDの（トラック8）を1回通して聞いてください。キーワード一覧表を見ながら聞いてもかまいません。

Step2ではまだ訳すことを考えず、CDの音声を聞くことに集中しましょう。

Lesson 8

Step ❸

次は、シャドウイングです。(p.2 参照)

キーワードの一覧を見ずに、シャドウイングしてください。1回目でできなかったら、2回、3回と完全にできるまでトレーニングしましょう。

シャドウイングが易しいと感じる人は、リプロダクションをしてください。(p.2 参照)

1文のリピートができたら、2文、3文のリピートにも挑戦してみましょう。

Step ❹

逐次通訳 (p.100 参照) の練習に入る前に、《学習のポイント》について説明します。

❶日中の制度の違いを踏まえて訳す

日本と中国では、社会体制をはじめ、さまざまな制度が異なります。この違いをしっかり理解したうえで、聞き手に分かりやすく訳すのは、通訳の大事な役割のひとつです。

例えば Lesson8 で取り上げている教育関連の制度にしても、日中ではずいぶん異なります。加えて、よく似た漢字表記が多いので混乱しやすいのです。

幼稚園と小学校は、それぞれ"幼儿园"と"小学校"で、漢字表記もほとんど同じですから、まず間違えることはないでしょう。中学校は"初级中学"・"初中"、高等学校は"高级中学"・"高中"ですので、比較的覚えやすいのですが、"初级中学"・"初中"、"高级中学"・"高中"を日本語に訳す場合、「初級中学」「高級中学」とするか、あるいは「中学校」「高等学校」とするかはケースバイケースです。もし聞き手が中国の教育制度についてある程度予備知識があるならば、「初級中学」「高級中学」という訳で良いでしょ

うが、中国のことを全く知らない聞き手に対しては、「中学校」「高等学校」と訳すべきでしょう。また、日本語の高等学校或いは高校をそのまま"高等学校""高校"などと中国語読みしますと、中国語では大学などの「高等教育機関」を指しますので要注意です。

　制度の違いを忘れ、文字につられて誤訳しないよう充分気をつけましょう。(⇨ Lesson13　p.87 参照)

❷日本語と中国語のスムーズな切り替え
　対談の通訳を一人で行うという設定は、実際の通訳現場でも珍しくありません。
　日本側の発言は即座に中国語へ、中国側の発言は即座に日本語へ訳さなくてはならないのですが、その際に、日中の言葉の切り替えを行うのと同時に、発言者の立場や発言の背景などに関する知識の切り替えを行うことが肝要です。

❸教育関連用語を習得する
　教育関連の用語は、一部の用語を除き、専門家だけが使うものではありません。教育問題は社会全体が広く関心を寄せるテーマですから、普段の会話の中にもしばしば教育関連の用語が出てきます。専門用語としてではなく、一般常識の一部としてしっかり習得することが必要です。

　上記の《学習のポイント》を踏まえて、逐次通訳練習を始めます。
　最初は1文ごとに訳していきましょう。
　日本語と中国語では語順が異なることを意識しながら、主語＋述語動詞＋目的語というシンプルな構文を駆使して訳してください。

Lesson 8

Step 5

　サイト・トランスレーション（p.3参照）でLesson8のまとめをしましょう。

　サイト・トランスレーションをする前に、スラッシュ（p.10参照）を入れておくと、よりスムーズに行うことができます。必ず声を出して行いましょう。

＊　　　　　　＊　　　　　　＊

中：中国学校的种类大概分为小学、初中、高中、中专、大专、大学。从小学到初中的9年是义务教育。不知道日本的教育体系怎么样？

日：日本の学校制度も基本的には同じです。義務教育の小学校と中学校、全日制と定時制、通信制の課程がある高等学校、それから大学などです。また障害のある児童生徒のためには、盲学校、聾学校、養護学校などがあります。中国の障害児教育はどういうものですか。

中：目前，除了普通学校内附设特教班以外，我国还有大约近两千所特殊教育学校，这其中包括盲聋哑学校和弱智儿童辅读学校。如今，社会各界和家长对残障儿童教育越来越重视，并且不断加强保护残障儿童的合法权益。

日：なるほど、よくわかりました。ところでこの10年ほど、日本の子どもたちの学力低下傾向が続いており、専門家や有識者による調査委員会が設けられ、さまざまな試みがなされているのですが、まだ顕著な成果が出ていません。中国ではいかがですか。

中：中国的教育也存在着很多问题。例如：孩子们学习负担重、压力大，农村留守儿童上学难，人格教育的欠缺等等。另外，还有一个问题，这就是如何提升教师整体素养的问题。我们教育工作者经常说的一句话是："百年大计，教育为本"。而教师的素养又是与教育息息相关的。

日：いま先生がおっしゃった教師の資質向上の必要性は日本でも最重要課題の一つです。文部科学省では既にいくつかの具体的なアクションプランを実施しています。

関連単語

勉強嫌い （べんきょうぎらい）	厌学 yànxué
知的障害児 （ちてきしょうがいじ）	智障儿童 zhìzhàng értóng
学級 （がっきゅう）	班级 bānjí
学年 （がくねん）	年级 niánjí
ホームルーム	班级活动 bānjí huódòng
うつ病 （うつびょう）	抑郁症 yìyùzhèng
大学入試 （だいがくにゅうし）	高考 gāokǎo
PTA	家教会 jiājiàohuì
ダブルスクール	双校 shuāngxiào
中考 zhōngkǎo	高校入試 （こうこうにゅうし）
录取线 lùqǔxiàn	合格ライン （ごうかくらいん）
校园暴力 xiàoyuán bàolì	校内暴力／いじめ （こうないぼうりょく）
辍学 chuòxué	中途退学／中退 （ちゅうとたいがく／ちゅうたい）
招生 zhāoshēng	生徒募集／学生募集 （せいとぼしゅう／がくせいぼしゅう）
文凭 wénpíng	証書／卒業証書 （しょうしょ／そつぎょうしょうしょ）
即时就业率 jíshí jiùyèlǜ	就職内定率 （しゅうしょくないていりつ）

Lesson 9

友好都市交流　友好城市交流

学習のポイント
① パブリック・スピーキングを学ぶ
② 日中の敬語表現の違いを理解する

Step 1

　日本の三京市と中国の蘇寧市は友好都市関係を結んでいます。蘇寧市の訪日団を迎えて、両市の友好交流を振り返り、将来の展望について話します。
　最初に、固有名詞やキーワードなどを覚えましょう。目で確認するだけでなく、必ず声を出して数回読み、記憶してください。

キーワード・キーフレーズ
＊主として本単元に関連した訳語を紹介します。

国際交流促進課（こくさいこうりゅうそくしんか）	国际交流促进课 guójì jiāoliú cùjìnkè
小林（人名）（こばやし）	小林（人名）Xiǎolín
蘇寧市人民政府（そねいしじんみんせいふ）	苏宁市人民政府 Sūníng Shì Rénmínzhèngfǔ
三京市（さんきょうし）	三京市 Sānjīng Shì
振り返る（ふりかえる）	回顾 huígù
交流事業（こうりゅうじぎょう）	交流事业 jiāoliúshìyè
提案（ていあん）	建议 jiànyì
神戸市（こうべし）	神户市 Shénhù Shì
天津市（てんしんし）	天津市 Tiānjīn Shì
友好都市提携を結ぶ（ゆうこうとしていけいをむすぶ）	结为友好城市 jiéwéi yǒuhǎochéngshì

三京市議会議員友好訪中団 (さんきょうしぎかいぎいんゆうこうほうちゅうだん)	三京市议会议员友好访华团 Sānjīng Shì Yìhuì Yìyuán Yǒuhǎo Fǎnghuátuán
蘇寧市人民政府訪日団 (そねいしじんみんせいふほうにちだん)	苏宁市人民政府访日团 Sūníng Shì Rénmínzhèngfǔ FǎngRìtuán
相互訪問 (そうごほうもん)	互访 hùfǎng
改革開放政策 (かいかくかいほうせいさく)	改革开放政策 gǎigékāifàng zhèngcè
貿易商談会 (ぼうえきしょうだんかい)	贸易洽谈会 màoyì qiàtánhuì
分野 (ぶんや)	领域 lǐngyù
専門家派遣 (せんもんかはけん)	派遣专家 pàiqiǎn zhuānjiā
研修生受け入れ関連の事業 (けんしゅうせいうけいれかんれんのじぎょう)	接收进修生的有关事业 jiēshōu jìnxiūshēng de yǒuguān shìyè
メディア	传媒／媒体 chuánméi／méitǐ
広報活動 (こうほうかつどう)	公关活动／宣传活动 gōngguān huódòng／xuānchuán huódòng
はなはだ	很／非常 hěn／fēicháng

Step ②

付属CDの(トラック9)を1回通して聞いてください。キーワード一覧表を見ながら聞いてもかまいません。

Step2ではまだ訳すことを考えず、CDの音声を聞くことに集中しましょう。

Step ③

次は、シャドウイングです。(p.2参照)

キーワードの一覧を見ずにシャドウイングしてください。1回目でできなかったら、2回、3回と完全にできるまでトレーニングしましょう。

Lesson 9

シャドウイングが易しいと感じる人は、リプロダクションをしてください。(p.2 参照)

1文のリピートができたら、2文、3文のリピートにも挑戦してみましょう。

Step 4

逐次通訳（p.100 参照）の練習に入る前に、《学習のポイント》について説明します。

❶ パブリック・スピーキングを学ぶ

通訳者は直接自分の言葉で語るわけではありませんが、パブリック・スピーキングは習得しなければならない大切なスキルの一つです。この単元では、逐次通訳練習をする際、少し改まった場面を想像し、多くの人に分かりやすく、正しくメッセージを伝えるよう意識してください。多少の緊張感を保ち、明瞭な発声を心がけ、ある程度大きな声で通訳の練習をしましょう。

❷ 日中の敬語表現の違いを理解する

現代中国語、特に口語表現において常用される敬語表現は比較的限定されます。したがって、日本語から中国語に訳す場合は、あまり神経質になる必要はありません。ただし、"请 qǐng"（请问 qǐngwèn, 请 qǐng～）、"拜 bài"（拜托 bàituō, 拜访 bàifǎng）、"奉 fèng"（奉陪 fèngpéi, 奉告 fènggào）、"承 chéng"（承蒙 chéngméng, 承教 chéngjiāo）などは口語でもよく使われる敬語ですので覚えておくとよいでしょう。

また、日本語でよく使われる「～させていただきます」「～させてください」という表現にぴったりの丁寧でソフトな言い方 "请允许我～ qǐng yǔnxǔ wǒ"、"请让我～ qǐng ràng wǒ" も、よく使われるようになりました。

これに対し、中国語から日本語に訳す際は、場面設定や日中双方の立場、

上下関係などを考慮し適切な敬語表現を用いることが大切です。

　上記の《学習のポイント》を踏まえて、逐次通訳練習を始めます。
　最初は１文ごとに訳していきましょう。
　日本語と中国語では語順が異なることを意識しながら、主語＋述語動詞＋目的語というシンプルな構文を駆使して訳してください。

通訳現場から 5　適訳が出てこない

　通訳というのは、ほんの短い一瞬に、頭の中でさまざまな作業をこなし口頭で訳を述べるという仕事です。よく言われることですが、通訳者は訳そうと懸命に考えていても、何も話さなければ「通訳ではない」のであって、通訳の良し悪しの評価対象にすらなりません。

　適訳がとっさに出てこない、ど忘れしてしまったということはベテラン通訳者でもあることですが、今学習している皆さんでも「知っているはずだが、出てこない」「この訳よりももっと良い訳を知っているはずだ」「ぴったりのきれいな表現があったんだが…」などと思い悩んだ末、途中で訳すのをあきらめたり、沈黙してしまったという経験があると思います。

　きれいな訳や表現、適訳にこだわりすぎると、「沈黙＝通訳にならない」という最悪の結末を招きかねません。ベストがだめなら、ベターで妥協することも必要なことです。そうすれば少なくとも「通訳」していることになるのですから。もちろんその後でとっさに出てこなかった訳語や表現を調べておくこともお忘れなく。

Lesson 9

Step 5

　サイト・トランスレーション（p.3参照）でLesson9のまとめをしましょう。

　サイト・トランスレーションをする前に、スラッシュ（p.10参照）を入れておくと、よりスムーズに行うことができます。必ず声を出して行いましょう。

　　　　　　　　＊　　　　　　＊　　　　　　＊

　国際交流促進課の小林でございます。本日は蘇寧市人民政府の皆様に、私ども三京市と蘇寧市とのこれまでの友好交流の歴史を振り返り、今後の両市の交流事業に関するご提案などをさせていただきたく存じます。

　1973年に日中間では初めて神戸市と天津市が友好都市提携を結びました。三京市と蘇寧市は、その翌年友好都市提携を結んでおります。以来30年余り、両市は様々な分野で交流事業を実施し、理解と友情を深めて参りました。

　友好都市提携から約10年ほどは、三京市議会議員友好訪中団と蘇寧市人民政府訪日団の相互訪問、両市青少年のスポーツ交流事業などが主でしたが、その後中国の改革開放政策の順調な進展に伴い、貿易商談会や農業・工業分野における専門家派遣と研修生受け入れ関連の事業が徐々に増え、近年では観光関連の交流事業や、芸術文化面の交流が頻繁に行われております。

　さて、目を未来に向けまして、これまでの事業の成果を大切にし、更なる発展を目指すには次の2点が重要ではなかろうかと考えております。第一に人材の育成、第二に各種メディアを利用した広報活動です。

　以上、はなはだ簡単ですが、両市の友好交流事業についてお話しさせていただきました。

関連単語

姉妹都市 (しまいとし)	友好城市 yǒuhǎo chéngshì
胸襟を開いて話し合う (きょうきんをひらいてはなしあう)	推心置腹地交谈 tuīxīn zhìfù de jiāotán
親善試合 (しんぜんじあい)	友谊赛 yǒuyìsài
提携大学 (ていけいだいがく)	友好院校 yǒuhǎo yuànxiào
単位交換 (たんいこうかん)	学分互认 xuéfēn hùrèn
昼食会 (ちゅうしょくかい)	午餐会 wǔcānhuì
レセプション	招待会／宴会 zhāodàihuì／yànhuì
立食パーティー (りっしょくぱーてぃー)	立餐会 lìcānhuì
表敬訪問 (ひょうけいほうもん)	拜访 bàifǎng
映画祭 (えいがさい)	电影节 diànyǐngjié
东瀛 Dōngyíng	日本の別称 (にほんのべっしょう)
一衣带水 yī yī dài shuǐ	一衣带水 (いちいたいすい)
互派留学生 hùpài liúxuéshēng	留学生の相互派遣 (りゅうがくせいのそうごはけん)

関連表現

どうぞご遠慮なくお召し上がりください。 (どうぞえんりょなくおめしあがりください)	大家不要客气，请用餐。 Dàjiā bùyào kèqi, qǐngyòngcān.
ご着席ください。 (ごちゃくせきください)	请就坐。 Qǐng jiù zuò.
おたばこはご遠慮下さい。 (おたばこはごえんりょください)	请不要吸烟。 Qǐng bùyào xīyān.
また明日お目にかかります。 (またあすおめにかかります)	明天见。 Míngtiān jiàn.
盛大な拍手でお迎えください。 (せいだいなはくしゅでおむかえください)	请用热烈的掌声表示欢迎。 Qǐng yòng rèliè de zhǎngshēng biǎoshì huānyíng.

Lesson 10

ファッション 时装

学習のポイント
① 目的語を省略する日本語、省略しない中国語
② 外来語を正確に訳す

Step 1

　世界で活躍する中国人デザイナー「王虹」にインタビューします。パリコレなどファッションショーの話題、デザインというクリエイティブな仕事とビジネスとの両立などについて話題が展開していきます。

　最初に、固有名詞やキーワードなどを覚えましょう。目で確認するだけでなく、必ず声を出して数回読み、記憶してください。

キーワード・キーフレーズ ＊主として本単元に関連した訳語を紹介します。

ファッションデザイナー	时装设计师 shízhuāng shèjìshī
王虹（人名）（おうこう）	王虹（人名）Wáng Hóng
インスピレーション	灵感 línggǎn
パリコレ	巴黎时装展 Bālí Shízhuāngzhǎn
高く評価される（たかくひょうかされる）	获得高度评价 huòdé gāodù píngjià
ファッションショー	时装秀 shízhuāngxiù
アパレル業界（あぱれるぎょうかい）	服装界 fúzhuāngjiè
サクセスストーリー	成功之路 chénggōng zhī lù
ブランド	品牌 pǐnpái

ビジネス	商务／商业 shāngwù／shāngyè
両立 （りょうりつ）	兼顾 jiāngù
「優美−Elegant」 （ゆうび）	"优美−Elegant" Yōuměi
ターゲット	目标群体／目标客群 mùbiāo qúntǐ／mùbiāo kèqún
着心地 （きごこち）	穿时的感觉／穿起来感到… chuān shí de gǎnjué／chuānqilai gǎndào…
思维方式 sīwéi fāngshì	考え方 （かんがえかた）
导演 dǎoyǎn	演出（する）／演出家／ディレクター （えんしゅつ／えんしゅつか）
气势 qìshì	勢い／迫力 （いきおい／はくりょく）
领略 lǐnglüè	味わう／理解する （あじわう／りかいする）
服饰趋势 fúshì qūshì	ファッションのトレンド
定位 dìngwèi	位置づけ （いちづけ）
现代知识女性 xiàndài zhīshi nǚxìng	現代の知的な女性 （げんだいのちてきなじょせい）
时尚 shíshàng	流行 （りゅうこう）
品位 pǐnwèi	品位／品格／センス （ひんい／ひんかく）
金属色 jīnshǔsè	メタリックカラー
大方 dàfāng	上品である （じょうひんである）

Step 2

付属CDの（トラック10）を1回通して聞いてください。キーワード一覧表を見ながら聞いてもかまいません。

Step2ではまだ訳すことを考えず、CDの音声を聞くことに集中しましょう。

Lesson 10

Step ❸

次は、シャドウイングです。(p.2参照)

キーワードの一覧を見ずに、シャドウイングしてください。1回目でできなかったら、2回、3回と完全にできるまでトレーニングしましょう。

シャドウイングが易しいと感じる人は、リプロダクションをしてください。(p.2参照)

1文のリピートができたら、2文、3文のリピートにも挑戦してみましょう。

Step ❹

逐次通訳(p.100参照)の練習に入る前に、《学習のポイント》について説明します。

❶ 目的語を省略する日本語、省略しない中国語

日本語の特に口語表現では、主語や目的語の省略がしばしば見られます。中国語でも主語の省略はありますが、目的語が省略されることはまれです。主語の省略はよく認識されますが、目的語については往々にして忘れがちですので注意が必要です。

この単元では、最初にインタビュアーが「今日はお忙しいところありがとうございます」と述べていますが、これは目的語が省略されている例です。目的語を省略しないと「今日はお忙しいところインタビューを受けてくださりありがとうございます」となります。中国語に訳す際には、目的語を補わないと、中国語になりません。

❷ 外来語を正確に訳す

外来語は、年々増えています。IT業界や、化粧品業界、アパレル業界、音楽業界などは、特に外来語を頻繁に用いる業界と言えるでしょうか。外来

語を他の日本語に言い換えることは可能ですが、業界によっては日本語に言い換えると違和感を与えることになります。例えば、音楽業界の人が"录音"と言ったとして、それを日本語で「レコーディング」と訳さず、「録音」としたら、間違いではありませんが、妙な感じがするでしょう。

　業界内の用語、業界内部でしか通用しない言葉などを調べるのは、なかなか難しいことですが、雑誌や書籍、インターネットなどを活用し、出来る限り調べるようにしましょう。
　⇨第2部「カタカナ語について」（p.109）参照

　上記の《学習のポイント》を踏まえて、逐次通訳練習を始めます。
　最初は1文ごとに訳していきましょう。
　日本語と中国語では語順が異なることを意識しながら、主語＋述語動詞＋目的語というシンプルな構文を駆使して訳してください。

Lesson 10

Step ❺

　サイト・トランスレーション（p.3参照）でLesson10のまとめをしましょう。

　サイト・トランスレーションをする前に、スラッシュ（p.10参照）を入れておくと、よりスムーズに行うことができます。必ず声を出して行いましょう。

＊　　　　　　＊　　　　　　＊

日：今日は、中国で最も注目されているファッションデザイナー、王虹さんをお迎えしています。王さん、今日はお忙しいところありがとうございます。

中：哪里哪里。见到你很高兴。

日：王さんのデザインはどんなところからインスピレーションを得ているんですか。中国の伝統的なものを特に意識することはおありですか。

中：应该说，我的灵感来源于很多不同的方面。比如，一束花、一部电影、一个城市都会给我带来灵感。当然，中国传统的色彩、造型，甚至思维方式对我设计服装都产生了很大的影响。

日：昨年は初めてパリコレに参加され、高く評価されたと聞きましたが、中国国内のファッションショーとパリコレではやはり雰囲気とか観客の反応など、ずいぶん違うんじゃないでしょうか。

中：去年我首次参加巴黎时装展。这不仅对我个人是个鼓励，对中国时装界，我想也是一个肯定。中国国内现在也有很多时装秀，虽然从整体上看，在导演、规模、气势上和国外相比还有一定距离，但是最近的一些时装秀，水平还是很高的。中国观众通过这些时装秀，可以领略到世界最前沿的服饰趋势。

日：王さんはデザイナーとして成功され、またビジネスの面でもアパレル業界においてご自身のブランドを立ち上げ、一つのサクセスストーリーと言えるんじゃないでしょうか。でもこの二つの仕事の両立というのはなかなか難しいと思うんですが…

中：我一直把自己定位在设计师这个身份上，但是我在设计时，却一直考虑什么品牌能被市场所接受。我特别注重深入了解客户的喜好和需求，这也就是我之所以能设计出接近市场的产品的原因吧。

日：王さんの「優美－Elegant」というブランドは、どんな女性をターゲットにしているんでしょう。実は先月上海に行った時にブラウスとパンツを買ったんですけど、とても着心地がいいんですね。

中：我们的服务对象主要是25岁到40岁左右的现代知识女性。这些人往往很自信、注重生活品质、追求时尚、品位，在事业上，她们也都是很成功的。

日：王さんの今後のご活躍とビジネスの発展をお祈りしています。今日は本当にありがとうございました。

中：不谢。希望下次你来上海时也到我们店里来坐坐。我会给你推荐几套服装。我想今年流行的金属色你穿起来一定会很漂亮、很大方。

関連単語

秀导 xiùdǎo	ファッションショー・ディレクター
旗袍 qípáo	チャイナドレス
提花 tíhuā	ジャガード
天鹅绒 tiān'éróng	ベルベット
亚麻 yàmá	リネン
无纺布 wúfǎngbù	不織布（ふしょくふ）
花边 huābiān	レース
活里子 huólǐzi	取り外し可能なライナー（とりはずしかのうならいなー）
尺寸 chǐcùn	サイズ
领子 lǐngzi	襟／カラー（えり）

Lesson 10

扣眼 kòuyǎn	ボタンホール
水洗 shuǐxǐ	水洗い （みずあらい）
干洗 gānxǐ	ドライクリーニング
试衣间 shìyījiān	試着室 （しちゃくしつ）
三围 sānwéi	スリーサイズ
臀围 túnwéi	ヒップ〔のサイズ〕
腰围 yāowéi	ウェスト〔のサイズ〕
胸围 xiōngwéi	バスト〔のサイズ〕／チェスト〔のサイズ〕
缝纫机 féngrènjī	ミシン
牛仔裤 niúzǎikù	ジーンズ
工作服 gōngzuòfú	作業服／オーバーオール （さぎょうふく）
ジャケット	外套 wàitào
パンツ	裤子 kùzi
インナー	内衣 nèiyī
アウター	上衣 shàngyī
スカート	裙子 qúnzi
コート	大衣 dàyī
Tシャツ	T恤衫 T xùshān
Yシャツ	衬衫 chènshān
カーディガン	对襟毛衣 duìjīn máoyī
ワンピース	连衣裙 liányīqún

ブラウス	女衬衫 nǚchènshān
ニット	针织品 zhēnzhīpǐn
カシミヤ	羊绒 yángróng
ウール	羊毛 yángmáo
ボタン	纽扣 niǔkòu
ファスナー	拉链 lāliàn
生地	布料 bùliào
裏地	里料 lǐliào
プレタポルテ	高级成衣 gāojíchéngyī
オーダーメード	定做服装 dìngzuò fúzhuāng
スーパーモデル	超模 chāomó
クリエイティブディレクター（CD）	创意总监 chuàngyì zǒngjiān
シャネル	夏奈尔 Xiànài'ěr
ルイ・ヴィトン	路易威登 Lùyì Wēidēng
エルメス	埃尔梅斯 Āi'ěrméisī
グッチ	古驰 Gǔchí
セリーヌ	瑟琳 Sèlín
ロレックス	劳力士 Láolìshì
ユニクロ	优衣库 Yōuyīkù

Lesson 11

日本のポップカルチャー　日本的流行文化
漫画・アニメ　　　　　　　动漫领域

CD トラック 11

学習のポイント
① 作品の邦題、中国語タイトルを正確に覚える
② 接続詞に注意して訳す

Step 1

　日本のポップカルチャーは世界中で、もちろん中国でも広く受け入れられ、人気を博しています。またビジネスとしても各界からの注目を集めています。

　最初に、固有名詞やキーワードなどを覚えましょう。目で確認するだけでなく、必ず声を出して数回読み、記憶してください。

キーワード・キーフレーズ　＊主として本単元に関連した訳語を紹介します。

漫画やアニメ（まんがやあにめ）	动漫　dòngmàn
中高年（ちゅうこうねん）	中老年人　zhōnglǎoniánrén
ファン	迷／粉丝　mí／fěnsī
「鉄腕アトム」（てつわんあとむ）	《铁臂阿童木》　Tiěbì Atóngmù
「一休さん」（いっきゅうさん）	《聪明的一休》　Cōngmíng de Yīxiū
「ドラえもん」	《机器猫》／《哆啦A梦》　Jīqìmāo／Duōlā A mèng
「ちびまる子ちゃん」	《樱桃小丸子》　Yīngtáo Xiǎo Wánzǐ
「名探偵コナン」（めいたんていこなん）	《名侦探柯南》　Míngzhēntàn Kēnán
「ドラゴンボール」	《七龙珠》　Qīlóngzhū

「NARUTO」	《火影忍者NARUTO》 Huǒyǐngrěnzhě NARUTO
放映する (ほうえいする)	播映／播放 bōyìng／bōfàng
輸出産業 (ゆしゅつさんぎょう)	出口产业 chūkǒu chǎnyè
一端 (いったん)	一部分 yībùfen
イタリア	意大利 Yìdàlì
トリエンナーレ	三年展 sānniánzhǎn
きっかけ	契机 qìjī
マンガ・アニメ産業 (まんが・あにめさんぎょう)	动漫产业 dòngmàn chǎnyè
アニメフェア	动漫展 dòngmànzhǎn
足を運ぶ (あしをはこぶ)	去／前往 qù／qiánwǎng

Step 2

付属 CD の (トラック 11) を1回通して聞いてください。キーワード一覧表を見ながら聞いてもかまいません。

Step2 ではまだ訳すことを考えず、CD の音声を聞くことに集中しましょう。

Step 3

次は、シャドウイングです。（p.2参照）

キーワードの一覧を見ずに、シャドウイングしてください。1回目でできなかったら、2回、3回と完全にできるまでトレーニングしましょう。

シャドウイングが易しいと感じる人は、リプロダクションをしてください。（p.2参照）

Lesson 11

1文のリピートができたら、2文、3文のリピートにも挑戦してみましょう。

Step 4

逐次通訳（p.100 参照）の練習に入る前に、《学習のポイント》について説明します。

❶作品の邦題、中国語タイトルを正確に覚える

文学作品、映画のタイトル、曲名などは言うまでもなく固有名詞です。しかし固有名詞と言ってもその名前は1つではなく、例えば1つの作品が、日本と中国でそれぞれの名前を持っているのです。日本語のタイトルをそのまま正確に中国語に訳しても、中国語のタイトルにはなりませんし、逆もまた然りです。

ここで取り上げたマンガやアニメの作品も日本と中国で2つの名前を持っています。固有名詞ですから、くれぐれも間違えないように、正確に覚えてください。

❷接続詞に注意して訳す

私たちは、ふだん人の話を聞く時、ほとんど無意識にですが、話の中の「接続詞」でその話の展開を予測しつつ聞き理解しています。通訳として話を聞き理解する際にも、「接続詞」は当然重要な役割を占めますので、注意深く聞き、その後の話の展開を正確に予測することが求められます。

順接、逆接、並列、転換、説明など、日本語と中国語の接続詞をきちんと把握し、音声で反応できるように声に出して覚えましょう。

特に気を付けたいのは、日本語の接続詞「が」です。「が」と聞くとすぐに逆説と反応しがちですが、後述で補足するための前置きや前後の結びつけという意味の場合も少なくありませんので注意してください。

上記の《学習のポイント》を踏まえて、逐次通訳練習を始めます。

　最初は1文ごとに訳していきましょう。

　日本語と中国語では語順が異なることを意識しながら、主語＋述語動詞＋目的語というシンプルな構文を駆使して訳してください。

通訳現場から ❻　情報収集

　本書では通訳をする際の事前準備の大切さを、繰り返し強調しています。

　では、実際どのように事前準備を行えばよいのでしょうか。現在、最も手軽に多くの情報を得る方法として、インターネットを活用することはもはや常識になっています。スムーズなインターネット検索を通じて必要な情報を即座に入手する技術は、必要不可欠です。

　しかし、それに頼りすぎてもいけません。インターネットで得られる知識は断片的なものに過ぎないことも多く、系統立った、まとまった知識を得られないこともあるからです。

　準備すべき分野について全く知識がないのであれば、その分野の簡単な入門書でも良いですから、適当な書籍を図書館等で借りるなり、購入するなりして一通り読む方が、効率的に準備作業を進められることもあります。

Lesson 11

Step ⑤

　サイト・トランスレーション（p.3参照）でLesson11のまとめをしましょう。

　サイト・トランスレーションをする前に、スラッシュ（p.10参照）を入れておくと、よりスムーズに行うことができます。必ず声を出して行いましょう。

　　　　　　　　＊　　　　　　　＊　　　　　　　＊

　昔は漫画やアニメというと子どものものという感じがしましたけれども、今では子どもはもとより大人も、それも中高年にもたくさんファンがいますね。

　今日は中国の方もおいでのようですが、古いところでは「鉄腕アトム」、「一休さん」それから「ドラえもん」、「ちびまる子ちゃん」、「名探偵コナン」、「ドラゴンボール」、「NARUTO」など実に多くの作品が中国でも放映され、大変な人気だと聞いています。もちろん中国だけでなく世界各国にも輸出され、漫画やアニメは今や輸出産業として認識されるようになり、ビジネスとしての注目度が高まっています。しかし日本文化の一端を外国に紹介するという役割も無視できません。

　イタリアで開かれたトリエンナーレでは、日本のマンガ・アニメが大々的に取り上げられました。マンガやアニメがきっかけとなって日本語を学ぼうと思ったり、日本のその他の文化にも興味を持ってくれる人は少なくないようです。若い人がマンガやアニメを通して日本を身近に感じ、日本文化に興味を持ってくれるというのは、とてもうれしいことですね。

　日本のマンガ・アニメ産業は今後ますます発展していくのは間違いありません。来月には東京で大規模なアニメフェアが開かれますので、是非足を運んでみてください。

関連単語

《蜡笔小新》 Làbǐ Xiǎo Xīn	「クレヨンしんちゃん」
《口袋妖怪》/《神奇宝贝》 Kǒudài Yāoguài / Shénqí Bǎobèi	「ポケモン」
《哪吒闹海》 Nézhā Nàohǎi	「ナージャの大暴れ」 （なーじゃのおおあばれ）
《蒙娜丽莎》 Méngnà Lìshā	「モナ・リザ」
《维纳斯的诞生》 Wéinàsī de Dànshēng	「ヴィーナスの誕生」 （ヴぃーなすのたんじょう）
《拾穗人》 Shísuìrén	「落ち穂拾い」 （おちぼひろい）
《最后的晚餐》 Zuìhòu de Wǎncān	「最後の晩餐」 （さいごのばんさん）
《悲惨世界》 Bēicǎn Shìjiè	「レ・ミゼラブル」
《高老头》 Gāo Lǎotóu	「ゴリオ爺さん」 （ごりおじいさん）
《基度山恩仇记》 Jīdù Shān Ēnchóujì	「モンテ・クリスト伯」 （もんてくりすとはく）
《战争与和平》 Zhànzhēng yǔ Hépíng	「戦争と平和」 （せんそうとへいわ）
《巴黎圣母院》 Bālí Shèngmǔyuàn	「ノートルダム・ド・パリ」
《复活》 Fùhuó	「復活」 （ふっかつ）
《茶花女》 Cháhuānǚ	「椿姫」 （つばきひめ）
《呼啸山庄》 Hūxiào Shānzhuāng	「嵐が丘」 （あらしがおか）
《美国的悲剧》 Měiguó de Bēijù	「アメリカの悲劇」 （あめりかのひげき）
《唐・吉柯德》 Táng Jíkēdé	「ドン・キホーテ」
《仲夏夜之梦》 Zhòngxiàyè zhī Mèng	「真夏の夜の夢」 （まなつのよのゆめ）

Lesson 12

中国のIT市場　中国的IT市场

CD トラック 12

学習のポイント
① 講演などの定型表現を習得する
② 発言内容を理解できない際の対応

Step 1

　目覚しい発展を続ける中国のIT産業の状況について、携帯電話、ブロードバンド、パソコン及びパソコンソフトなど、分野別に詳細な説明をしています。
　最初に、固有名詞やキーワードなどを覚えましょう。目で確認するだけでなく、必ず声を出して数回読み、記憶してください。

キーワード・キーフレーズ
＊主として本単元に関連した訳語を紹介します。

网络通信市场 wǎngluò tōngxìn shìchǎng	ネットワーク通信市場 (ねっとわーくつうしんしじょう)
移动电话 yídòng diànhuà	携帯電話／モバイルフォン (けいたいでんわ)
（移动电话）用户 yònghù	〔携帯電話〕加入者／〔モバイル〕ユーザー (かにゅうしゃ)
上网人口 shàngwǎng rénkǒu	ネット人口 (ねっとじんこう)
网民 wǎngmín	インターネットユーザー／ネットシチズン／ネチズン
宽带网 kuāndàiwǎng	ブロードバンドネットワーク／広帯域網 (こうたいいきもう)
跨越式发展 kuàyuèshì fāzhǎn	飛躍的な発展 (ひやくてきなはってん)
拉动 lādòng	促進する／牽引する (そくしんする／けんいんする)
互联网 hùliánwǎng	インターネット

博客 bóké	ブログ
播客 bóké	ポッドキャスト
与日俱增 yǔrì jùzēng	日増しに増える (ひましにふえる)
増值业务 zēngzhí yèwù	付加価値サービス (ふかかちさーびす)
销售额 xiāoshòué	売上高 (うりあげだか)
两位数 liǎngwèishù	二桁 (ふたけた)
亮点 liàngdiǎn	優れた点／注目される点／スポットライト (すぐれたてん／ちゅうもくされるてん)
笔记本电脑 bǐjìběn diànnǎo	ノート型パソコン／ノートパソコン (のーとがたぱそこん)
服务器 fúwùqì	サーバー
存储 cúnchǔ	メモリ
中间件 zhōngjiānjiàn	ミドルウエア
增长率 zēngzhǎnglǜ	成長率／伸び率 (せいちょうりつ／のびりつ)
网络安全 wǎngluò ānquán	ネットワークセキュリティー
计算机病毒 jìsuànjī bìngdú	コンピュータウィルス
黑客 hēikè	ハッカー
垃圾邮件 lājī yóujiàn	迷惑メール／スパムメール (めいわくめーる)
防火墙软件 fánghuǒqiáng ruǎnjiàn	ファイアウォールソフトウエア
网络防病毒软件 wǎngluò fángbìngdú ruǎnjiàn	ネットワークウィルス対策ソフトウエア (ねっとわーくうぃるすたいさくそふとうぇあ)
发展空间 fāzhǎn kōngjiān	発展の余地／今後の可能性／将来的な可能性 (はってんのよち／こんごのかのうせい／しょうらいてきなかのうせい)

Lesson 12

Step ❷

付属CDの(トラック12)を1回通して聞いてください。キーワード一覧表を見ながら聞いてもかまいません。

Step2ではまだ訳すことを考えず、CDの音声を聞くことに集中しましょう。

Step ❸

次は、シャドウイングです。(p.2参照)

キーワードの一覧を見ずに、シャドウイングしてください。1回目でできなかったら、2回、3回と完全にできるまでトレーニングしましょう。

シャドウイングが易しいと感じる人は、リプロダクションをしてください。(p.2参照)

1文のリピートができたら、2文、3文のリピートにも挑戦してみましょう。

Step ❹

逐次通訳(p.100参照)の練習に入る前に、《学習のポイント》について説明します。

❶講演などの定型表現を習得する

日本語でも中国語でも、講演の最初と最後は、たいてい決まった表現が使われます。最初の聴衆への呼びかけと挨拶、講演締めくくりの挨拶の表現と訳例は、予めいくつかのパターンを練習して覚えておきましょう。

❷発言内容を理解できない際の対応

専門性の高い内容の講演などでは、いくら事前に準備をしても、話し手の

話すスピードや論理の展開についていけない、あるいは一部の専門用語を聞き漏らすことなどがあるものです。このような場合どう対処すべきでしょうか。逐次通訳であれば、迷わず話し手に尋ねて確認しましょう。その部分を省略したり、曖昧な理解のまま、通訳者自身で適当に判断して訳してしまったりするのは、最大のタブーの一つです。

　上記の《学習ポイント》を踏まえて、逐次通訳練習を始めます。
　最初は1文ごとに訳していきましょう。
　日本語と中国語では語順が異なることを意識しながら、主語＋述語動詞＋目的語というシンプルな構文を駆使して訳してください。

通訳現場から 7　データや数字の訳が不得手

　数字に対して苦手意識を持っている人は案外多いものです。苦手でなくても通訳の際に出てくる様々なデータや数字には、皆神経を遣いますし、プレッシャーも感じます。
　まず数字のクイックレスポンス（p.3 参照）などの基礎トレーニングや、数字が多く出てくる教材で通訳練習を重ね、苦手意識を払拭する努力をしましょう。通訳トレーニングでは、頭をフル稼働させる必要があるのはもちろんですが、耳と口を使う身体的トレーニングが占める割合も非常に高いのです。音を聞いて声を出して訳すという訓練を積めば、手ごわい数字の通訳にも徐々に対応できるようになります。

Lesson 12

Step 5

サイト・トランスレーション（p.3参照）でLesson12のまとめをしましょう。

サイト・トランスレーションをする前に、スラッシュ（p.10参照）を入れておくと、よりスムーズに行うことができます。必ず声を出して行いましょう。

*　　　　　　　*　　　　　　　*

　女士们、先生们，下午好。非常高兴今天能有机会向大家介绍中国ＩＴ市场的发展情况。
　首先我想介绍一下网络通信市场。中国移动电话用户已有近5亿户，居世界第一。中国目前的上网人口已超过1.6亿，即将跃居世界首位，而且在未来的5年里，中国网民将达到2.3亿。短短的几年里我国实现了宽带网的跨越式发展，绝大多数网民都是宽带网的用户，宽带已成为中国最主要的上网手段。

　宽带的高速增长拉动了互联网的发展，我国互联网的网站已将近百万，博客、播客用户与日俱增，从事增值业务服务的企业已超过2万家。

　下面谈谈计算机市场。中国计算机总体市场的销售额一直保持着两位数的增长。其中硬件的最大亮点仍是笔记本电脑，占整个个人电脑市场销售收入的30%。与个人电脑同步发展的是服务器和存储市场。另外，中国的软件市场规模将近1,000亿人民币。其中增长最快的是中间件，其增长率高达30%以上。软件市场的一个亮点是网络安全。由于近年来网络安全的威胁日益严重，计算机病毒的发生、黑客的频繁出现、垃圾邮件猛增，防火墙软件、网络防病毒软件快速得以发展。这一市场今后也将具有相当大的发展空间。
我的演讲到此结束，非常感谢大家，谢谢！

関 連 単 語

eコマース	电子商务（电商） diànzǐ shāngwù / diànshāng
カスタマイズ（携帯）端末	定制手机 dìngzhì shǒujī
携帯ベンダー	手机制造商 shǒujī zhìzàoshāng
シスオペ／システムオペレーター	系统操作员 xìtǒng cāozuòyuán
プログラマー	程序员 chéngxùyuán
光ファイバー	光缆 guānglǎn
ネットオークション	网络拍卖 wǎngluò pāimài
ブルーレイ技術	蓝光技术 Lánguāng jìshù
バーチャルリアリティ	虚拟现实／VR xūnǐ xiànshí
AR／拡張現実	增强现实／AR zēngqiáng xiànshí
ポータルサイト	门户网站 ménhù wǎngzhàn
ビデオオンデマンド	视频点播 shìpín diǎnbō
通信事業者	电信运营商 diànxìn yùnyíngshāng
次世代ネットワーク	下一代网络 xiàyīdài wǎngluò
ホームネットワーク	家庭网络 jiātíng wǎngluò
国際ローミングサービス	国际漫游业务 guójì mànyóu yèwù
リンク	链接 liànjiē
ソーシャルメディア	社交媒体 shèjiāo méitǐ
インフルエンサー	网络红人／网红 wǎngluò hóngrén / wǎnghóng
IoT（物のインターネット）	物联网 wùliánwǎng

Lesson 13
対中投資　対华投资
質疑応答　互动答疑

学習のポイント
① 要点を押さえて訳す
② 聞き手に合わせて訳語を工夫する

Step 1

　日本で開かれた中国投資説明会の質疑応答の場面です。日本側からは中国の電力供給やインフラ整備の状況、また知的財産権に関する取り組みなどについて質問が出ました。

　最初に、固有名詞やキーワードなどを覚えましょう。目で確認するだけでなく、必ず声を出して数回読み、記憶してください。

キーワード・キーフレーズ　＊主として本単元に関連した訳語を紹介します。

質疑応答 （しつぎおうとう）	互动答疑 hùdòng dáyí
電力供給 （でんりょくきょうきゅう）	供电 gōngdiàn
工業用水の供給 （こうぎょうようすいのきょうきゅう）	提供工业用水 tígōng gōngyè yòngshuǐ
インフラの整備状況 （いんふらのせいびじょうきょう）	基础设施建设的完善情况 jīchǔshèshī jiànshè de wánshàn qíngkuàng
道路整備 （どうろせいび）	完善公路建设 wánshàn gōnglù jiànshè
増値税 （ぞうちぜい）	增值税 zēngzhíshuì
優遇税制 （ゆうぐうぜいせい）	优惠税制 yōuhuì shuìzhì
知的財産権 （ちてきざいさんけん）	知识产权 zhīshi chǎnquán
取り組み （とりくみ）	努力／处理 nǔlì／chǔlǐ

用电量 yòngdiànliàng	電力使用量 （でんりょくしようりょう）
拉闸限电 lāzhá xiàndiàn	電力供給制限 （でんりょくきょうきゅうせいげん）
配套 pèitào	組み合わせてセットにする （くみあわせてせっとにする）
供蒸气系统 gōngzhēngqì xìtǒng	スチーム供給システム （すちーむきょうきゅうしすてむ）
年供电量 nián gōngdiànliàng	年間電力供給量 （ねんかんでんりょくきょうきゅうりょう）
千瓦时 qiānwǎshí	キロワット時 （じ）
深井泵 shēnjǐngbèng	水中ポンプ （すいちゅうぽんぷ）
污水处理厂 wūshuǐ chǔlǐchǎng	汚水処理場 （おすいしょりじょう）
主要出口港 zhǔyào chūkǒugǎng	主要輸出港 （しゅようゆしゅつこう）
尾声 wěishēng	終わり （おわり）
交通便捷 jiāotōng biànjié	交通の便がよい／アクセスがよい （こうつうのべんがよい）
出台 chūtái	交付される／実施される （こうふされる／じっしされる）
专利法 zhuānlìfǎ	特許法 （とっきょほう）
著作权 zhùzuòquán	著作権／コピーライト （ちょさくけん）
"反盗版百日行动" Fǎndàobǎn Bǎirì Xíngdòng	「海賊版撲滅100日キャンペーン」 （かいぞくばんぼくめつひゃくにちきゃんぺーん）
专项行动 zhuānxiàng xíngdòng	目的を限定したアクション （もくてきをげんていしたあくしょん）
举报投诉服务站 jǔbào tóusù fúwùzhàn	告発苦情サービスステーション （こくはつくじょうさーびすすてーしょん）

Step ❷

付属CDの(トラック13)を1回通して聞いてください。キーワード一覧表を見ながら聞いてもかまいません。

Step2 ではまだ訳すことを考えず、CD の音声を聞くことに集中しましょう。

Step ③

次は、シャドウイングです。(p.2参照)
キーワードの一覧を見ずに、シャドウイングしてください。1回目でできなかったら、2回、3回と完全にできるまでトレーニングしましょう。

シャドウイングが易しいと感じる人は、リプロダクションをしてください。(p.2参照)
1文のリピートができたら、2文、3文のリピートにも挑戦してみましょう。

Step ④

逐次通訳（p.100 参照）の練習に入る前に、《学習のポイント》について説明します。

❶要点を押さえて訳す

質疑応答は、複数の人の質疑に応えるために時間が限られています。何を聞きたいのか、質問の要点を押さえて明確に訳すのと同時に、回答者がストレートに答えようとするのか、その質問はできれば避けたいのかなど、回答者の意図もとらえながら細部のニュアンスまで的確に訳すよう心がけたいものです。

❷聞き手に合わせて訳語を工夫する

聞き手がどのような人たちなのか、どのような会場で通訳するのかを事前に把握しておくことは大切です。通訳者は、単に話し手の言葉を他の言語に

訳せば良いというものではありません。通訳は、訳した言葉を聞き手に受け取ってもらえて、初めて完成するのです。したがって、聞き手が中国についてよく知っているか否か、専門性が高いかどうかなどによって、訳語を検討する必要があります。

	中国に関する知識が少ない聞き手	中国に関する知識は少ないが専門家である場合	中国に精通している専門家
高級中学	高等学校	高級中学、日本の高等学校に相当します…	高級中学
増値税	付加価値税	増値税、付加価値税とほぼ同義ですが…	増値税

上記の《学習のポイント》を踏まえて、逐次通訳練習を始めます。

最初は1文ごとに訳していきましょう。

日本語と中国語では語順が異なることを意識しながら、主語＋述語動詞＋目的語というシンプルな構文を駆使して訳してください。

Lesson 13

Step 5

　サイト・トランスレーション（p.3参照）で Lesson13 のまとめをしましょう。

　サイト・トランスレーションをする前に、スラッシュ（p.10参照）を入れておくと、よりスムーズに行うことができます。必ず声を出して行いましょう。

＊　　　　　　　＊　　　　　　　＊

日：ではこれから質疑応答に入らせていただきます。限られた時間でございますので、ご質問は簡潔にお願いいたします。

日：ここ数年、上海を中心とする地域の電力不足、特に夏の深刻な電力不足が日本でもしばしば報道されていますが、電力供給面での問題はありませんか。また工業用水の供給についてはどうですか。

中：确实这两年中国国内因为用电量增大，很多地方出现了电力供应紧张的问题，甚至有些城市近年来还实行了大规模的拉闸限电。但是，我们园区拥有自己配套的供水、供电、供热、供蒸气系统。现在园区内拥有两座变电站，年供电量可以达到18亿千瓦时，完全可以保证全园区用电。另外，我们有7台深井泵为园区内提供工业用水，而且园区内还建有污水处理厂，工业用水可循环使用。

日：工業園区とその周辺地域のインフラの整備状況については、先ほどのご説明でよくわかりましたが、主要輸出港までの道路整備はまだ完成していないと聞いたことがあります。この点についてはいかがですか。

中：园区到主要出口港的距离不到50公里，现在园区到出口港的一级公路的修建已经将近尾声，今年下半年就可以开通。另外，园区北面正在修建高速

公路，预计两年后一条连接园区、港口、市区的高速公路就可以建成，从而交通会更加便捷。

日：増値税や所得税など優遇税制のご説明は大変具体的で分かりやすかったんですが、今私どもが心配しているのは知的財産権についてです。実際、当社の中国進出が遅れているのは知財権の保護に関する貴国の取り組みに不安を感じているからなのですが……。

中：中国政府近年来特别重视知识产权的保护，先后出台了商标法、专利法、著作权法等一系列知识产权方面的法律法规，我国政府把知识产权确立为国家战略，并且还在全国范围内推动开展"反盗版百日行动"等保护知识产权的专项行动。我们园区具体还设立了知识产权举报投诉服务站，努力加强保护园区内的知识产权。

関 連 単 語

侵权 qīnquán	法的権利の侵害 （ほうてきけんりのしんがい）
维权 wéiquán	法的権利の保護 （ほうてきけんりのほご）
招商引资 zhāoshāng yǐnzī	外資企業の誘致と外資導入 （がいしきぎょうのゆうちとがいしどうにゅう）
国民待遇 guómín dàiyù	内国民待遇 （ないこくみんたいぐう）
投资项目 tóuzī xiàngmù	投資案件／投資プロジェクト （とうしあんけん／とうしぷろじぇくと）
审批 shěnpī	審査許可する （しんさきょかする）
筹措资金 chóucuò zījīn	資金を調達する （しきんをちょうたつする）
资金头寸 zījīn tóucùn	資金ポジション （しきんぽじしょん）

Lesson 14
環境問題　环保问题

学習のポイント
① 司会進行の定型表現を習得する
② 話し手の経歴や立場を念頭に置いて聞き、訳す
③ 文語的表現など難しい日本語表現を学ぶ

Step 1

　日中の環境問題をめぐる協力について、両国の専門家がそれぞれの立場から発言します。特に近年深刻化が指摘されている中国都市部の大気汚染問題について具体的な協力の可能性をさぐります。
　最初に、固有名詞やキーワードなどを覚えましょう。目で確認するだけでなく、必ず声を出して数回読み、記憶してください。

キーワード・キーフレーズ　＊主として本単元に関連した訳語を紹介します。

小林（日中環境協力機構、コーディネーター） （こばやし）	小林 Xiǎolín
趙耀明（中国北方大学研究生院教授、环保问题专家） Zhào Yàomíng	趙耀明 （ちょうようめい）
鈴木（某大学環境情報学部教授） （すずき）	铃木 Língmù
宋秋丽（中国长城石油集团环保研究所所长） Sòng Qiūlì	宋秋麗 （そうしゅうれい）
日中環境協力 （にっちゅうかんきょうきょうりょく）	日中环保合作 Rì-Zhōng huánbǎo hézuò
コーディネーター	主持人 zhǔchírén
高度成長期 （こうどせいちょうき）	高速增长期 gāosù zēngzhǎngqī

エネルギー消費量の増大 (えねるぎーしょうひりょうのぞうだい)	能耗增长 nénghào zēngzhǎng
産業の重化学工業化 (さんぎょうのじゅうかがくこうぎょうか)	产业的重化工业化／偏重重化工业 chǎnyè de zhònghuàgōngyè huà／ piānzhòng zhònghuàgōngyè
後手後手に回る (ごてごてにまわる)	陷于被动／落后一步 xiànyú bèidòng／luòhòu yībù
自動車の排出ガス (じどうしゃのはいしゅつがす)	汽车的尾气排放 qìchē de wěiqì páifàng
環境への取り組み (かんきょうへのとりくみ)	面向环保的工作 miànxiàng huánbǎo de gōngzuò
轍を踏む (てつをふむ)	重蹈覆辙／重走老路 chóng dǎo fù zhé／chóngzǒu lǎolù
遅きに失する (おそきにしっする)	为时已晚 wéishí yǐwǎn
パネリスト	发言人 fāyánrén
经济高速发展时期 jīngjì gāosù fāzhǎn shíqī	経済の高度成長期 (けいざいのこうどせいちょうき)
硫氧化物 liúyǎnghuàwù	硫黄酸化物 (いおうさんかぶつ)
氮氧化物 dànyǎnghuàwù	窒素酸化物 (ちっそさんかぶつ)
有毒有害废气污染治理 yǒudú yǒuhài fèiqì wūrǎn zhìlǐ	有毒有害排気ガス汚染処理 (ゆうどくゆうがいはいきがすおせんしょり)
先污染后治理 xiānwūrǎn hòuzhìlǐ	汚染対策の遅れ (おせんたいさくのおくれ)
《大气污染防治法》 dàqì wūrǎn fángzhìfǎ	「大気汚染防止法」 (たいきおせんぼうしほう)
兴衰 xīngshuāi	盛衰 (せいすい)
付诸到行动上 fùzhū dào xíngdòngshang	これを行動にうつす／これを実行する (これをこうどうにうつす／これをじっこうする)
"十一五规划" Shíyīwǔ Guīhuà	「第11次5ヵ年計画」 (だいじゅういちじごかねんけいかく)
污染物减排目标 wūrǎnwù jiǎnpái mùbiāo	汚染物質排出削減目標 (おせんぶっしつはいしゅつさくげんもくひょう)

Lesson 14

Step ②

付属CDの (トラック14) を1回通して聞いてください。キーワード一覧表を見ながら聞いてもかまいません。

Step2ではまだ訳すことを考えず、CDの音声を聞くことに集中しましょう。

Step ③

次は、シャドウイングです。(p.2参照)

キーワードの一覧を見ずにシャドウイングしてください。1回目でできなかったら、2回、3回と完全にできるまでトレーニングしましょう。

シャドウイングが易しいと感じる人は、リプロダクションをしてください。(p.2参照)

1文のリピートができたら、2文、3文のリピートにも挑戦してみましょう。

Step ④

逐次通訳 (p.100参照) の練習に入る前に、《学習のポイント》について説明します。

❶司会進行の定型表現を習得する

ディスカッションや会議など、司会進行が必要な場面は案外多いものです。スムーズにテンポよく議事を進行させるのが司会者の役割ですから、司会進行の定型表現と訳例をしっかり習得してください。

❷話し手の経歴や立場を念頭に置いて聞き、訳す

通訳する前の準備作業として、ディスカッションの参加者の経歴や著作な

どは調べておく必要があります。この事前準備が充分できていれば、次の話し手がどういう立場で話すのか、ある程度予測し、話の内容をより正確に深く理解することができます。そしてこれらのことが、要点をきちんと押さえて訳すことにつながります。

　通訳をする際、話の内容を記憶するのは大切ですが、記憶をするためには上記の事前準備と理解が不可欠なのです。

❸文語的表現など難しい日本語表現を学ぶ

　話し手によっては、文語的表現など、私たちがふだん話し言葉としては使わない言葉を多用することもあります。例えば「否めない」、「〜のごとく」、「轍を踏む」、「〜するに吝（やぶさ）かではない」、また「手薬煉（てぐすね）を引く」、「沽券（こけん）に関わる」、「そりがあわない」、「外堀を埋める」などの慣用表現は、日本人でも難しい言葉と言えますが、通訳の学習ではこれらを避けてとおることはできません。

⇨第2部「日本語の文語的表現について」（p.107）参照

　上記の《学習のポイント》を踏まえて、逐次通訳練習を始めます。

　最初は1文ごとに訳していきましょう。

　日本語と中国語では語順が異なることを意識しながら、主語＋述語動詞＋目的語というシンプルな構文を駆使して訳してください。

Lesson 14

Step ❺

サイト・トランスレーション（p.3参照）でLesson14のまとめをしましょう。

サイト・トランスレーションをする前に、スラッシュ（p.10参照）を入れておくと、よりスムーズに行うことができます。必ず声を出して行いましょう。

　　　　　　　＊　　　　　　　＊　　　　　　　＊

小林：大変お待たせいたしました。本日は日中環境協力というテーマで、皆さんにご発言いただきます。私はコーディネーターの日中環境協力機構の小林でございます。では早速ですが、趙先生、大気汚染問題の専門家としてのお立場から、いま中国で最も急ぎ解決すべき課題についてお話しいただけますか。

赵耀明：谢谢主席，非常高兴今天有机会在这里谈一点对环境的看法。首先我想介绍一下目前中国的环境问题。中国经历了近30年的经济飞速发展时期，但是同时产生了极其严重的环境污染问题。去年，中国平均每2天便有一起污染事故报道，特别是城市大气污染问题依然非常突出。人口超过百万的特大城市，空气中硫氧化物、氮氧化物比例较高。近年来，城市机动车保有量快速增加，机动车尾气排放已经成为大城市空气污染的重要来源，另外，有毒有害废气污染治理滞后也是造成大气污染的原因之一。

小林：趙先生、ありがとうございます。中国の、特に都市部における大気汚染問題は私どもが想像する以上に深刻な状況にあるようですね。この点について、鈴木先生からご発言いただけますか。

鈴木：現在の日本において、大気汚染問題はまだ重要課題の一つであります

が、今の中国の状況は、日本の高度成長期の状況と良く似ていますから、参考にしていただけることは多々あるかと思います。日本経済の高度成長期にはエネルギー消費量の増大、産業の重化学工業化が進んだことなどにより、大気汚染が一気に広がり、深刻化しました。しかしこの時期、国の施策は後手後手に回り、しかも不十分でした。1960年代以降になりますと、工場などのばい煙に加え、自動車の排出ガスも大気汚染の主な原因となりました。1971年に環境庁ができたことで、環境への取り組みが本格化したといえますが、遅きに失した感は免れません。中国には日本の轍を踏んでほしくありません。

小林：では次に、宋先生のご意見を伺いたいと思います。

宋秋丽：铃木教授刚刚介绍了日本曾走过一条先污染后治理的道路，这令我深有感触。我们确实应该积极汲取日本的经验教训。中国政府也在试图平衡经济增长和环境保护，并且出台了《大气污染防治法》，制定了具体措施。除了在制度上加大环保的力度外，我认为我们还应该积极引进国外先进的环保技术。中日两国在环境商务上的合作空间是很大的。谢谢！

小林：ありがとうございます。環境ビジネスは今後更に注目を集めるでしょうし、社会貢献という意味でも評価されるビジネスになると思います。

小林：さて、そろそろ時間なのですが、最後に趙先生と宋先生に一言ずつお願いします。

赵耀明：今天我们的讨论内容非常丰富，涉及了很多领域和范围。我们进一步认识到了环保问题是国际性的，中国在环境保护上直面的问题很多。环保问题与经济密切相关，也与人民的生活息息相关，环境问题解决与否

Lesson 14

将直接关系到国家的兴衰，我们要进一步提高环保意识并付诸到行动上。谢谢大家。

宋秋丽：主席让我做个总结发言，首先我要说今天的中日互动讨论非常有意义，刚才赵教授也谈到过，环境问题是个全球性问题。虽然我们的经济已经走向全球化了，但是随着经济的全球化，环境污染的全球化问题也需要我们认真加以考虑。我希望今后能与国内外的同行们加强合作，努力去实现"十一五规划"纲要中提出的污染物减排目标。谢谢！

小林：環境問題という非常に大きく複雑なテーマを取り上げるには余りにも短い時間でございましたが、パネリストの皆さんのご協力をいただきまして、有意義な討論ができました。今日は本当にありがとうございました。

関連単語

地球温暖化（ちきゅうおんだんか）	全球变暖 quánqiú biànnuǎn
環境アセスメント（かんきょうあせすめんと）	环境评估／环境影响评估 huánjìng pínggū／huánjìng yǐngxiǎng pínggū
持続可能な発展（じぞくかのうはってん）	可持续发展 kěchíxù fāzhǎn
オゾン層（おぞんそう）	臭氧层 chòuyǎngcéng
クリーンエネルギー（くりーんえねるぎー）	清洁能源 qīngjié néngyuán
再生可能エネルギー（さいせいかのうえねるぎー）	可再生能源 kězàishēng néngyuán
砂漠化（さばくか）	沙漠化／荒漠化 shāmòhuà／huāngmòhuà
光化学スモッグ（こうかがくすもっぐ）	光化学烟雾 guānghuàxué yānwù
アスベスト	石棉 shímián

エコグッズ	环保产品 huánbǎo chǎnpǐn
生态旅游 shēngtài lǚyóu	エコツアー／エコツーリズム
生态住宅 shēngtài zhùzhái	エコロジカル住宅 （えころじかるじゅうたく）
热电联产 rèdiànliánchǎn	コージェネレーション
绿色能源 lǜsè néngyuán	グリーンエネルギー
一次性用品 yīcìxìng yòngpǐn	使い捨て商品 （つかいすてしょうひん）
白色垃圾 báisè lājī	プラスチック・ビニールごみ
电子垃圾 diànzǐ lājī	電子機器廃棄物 （でんしききはいきぶつ）
黄沙 huángshā	黄砂 （こうさ）
灰霾 huīmái	スモッグ
割り箸 （わりばし）	一次性筷子 yīcìxìng kuàizi
レジ袋 （れじぶくろ）	塑料购物袋 sùliào gòuwùdài
ゼロエミッション	零排放 líng páifàng
リユース	回用 huíyòng
ホルムアルデヒド	甲醛 jiǎquán
紫外線 （しがいせん）	紫外线 zǐwàixiàn
ヒートアイランド効果 （ひーとあいらんどこうか）	热岛效应 rèdǎo xiàoyìng
燃料電池 （ねんりょうでんち）	燃料电池 ránliào diànchí
ソーラーカー	太阳能汽车 tàiyángnéng qìchē
干ばつ （かんばつ）	干旱 gānhàn
海面上昇 （かいめんじょうしょう）	海平面上升 hǎipíngmiàn shàngshēng

Lesson 14

通訳現場から 8　如何将夹生的饭煮熟？

很多长期生活在日本的中文母语翻译经常会感到，虽然自己的日语表达能力日臻完善，但翻出的中文往往似有夹生之感，中文表达能力也日渐苍白。

作为一名专业翻译，外语能力固然重要，但母语的训练也不可掉以轻心。在日本的翻译现场，由于很多客户不懂中文，有时你可能会感到不论翻出多么漂亮的中文，能与你产生共鸣的人寥寥无几。但是切不可忘记你的强项是中文！如果翻出的中文是裹着一层日文皮的夹生饭，那么你就失去了你的强项和一个强有力的武器。

当然，翻出的中文晦涩难懂还有一个很大原因就是出自日文的听力。日文的听力是中文母语翻译的弱项。尽管在日语的大环境下，日常生活等场合不会感到听力上有困难。但在实际翻译工作中，由于要涉及很多领域，例如：法律、金融、高科技等各种范围，因此中文母语的译员会感到听力上有难度。但是翻译前的准备工作可以帮助克服听力的困难。只有事先充分了解客户的信息，掌握好相关的词汇和表达方式，那么现场翻出的中文才会具有逻辑性，否则就成机械性的文字搬家了。在做交替传译的时候，如果听不懂还可以再问，不要羞于上询，不懂装懂。

俗话说"十年树木，百年树人"。翻译也需要经过长期的学习和训练。有些圈外人士往往会误认为只要外语能力过硬就可做口译员。实际上并非如此。只有坚持不懈的学习和积累以及现场中的摔打方能逐渐练就一名优秀的翻译。"书山有路勤为径，学海无涯苦作舟。"如果你立志做一名翻译，那就只有不断地去努力学习，不断地去接受磨炼。此外，在翻译现场还需要"摔倒了再爬起来"的精神，失败是为了下一次的成功。

有一些翻译当被问到有什么爱好时，往往不能瞬时回答，而最后会说上一句"学习"吧。看来做一名翻译毕生离不开学习。

夹生：生煮え／生半可
苍白：灰色／青ざめた
掉以轻心：高を括る／油断する
寥寥无几：ごくわずかである
晦涩难懂：難解で分かりにくい
交替传译：逐次通訳
圈外人士：非関係者／部外者
过硬：しっかりしている／優秀である
摔打：もまれる／経験を積む
"书山有路勤为径，学海无涯苦作舟"：「書の山においては勤勉を道とし、学問の海においては根気を船とする」韓愈／学問を修めるには勤勉と努力が肝要である

第2部
アドバイス編

トレーニング編 参考訳

中国語を日本語に訳す
①訳出の手順

　日本語を母語とする学習者にとって、中国語を日本語に訳すのは、日本語を中国語に訳すよりも易しく感じるでしょうか。サイト・トランスレーション（p.3 参照）であれば比較的容易かもしれませんが、原稿なしの音声だけで通訳する場合は、中国語を聞き取れなくてはなりませんから、必ずしも簡単とはいえないのです。

　このコーナーでは、通訳初心者のために、中国語を聞き取れた、あるいは中国語の原稿が手元にあるという前提で、日本語に逐次通訳する際の手順を紹介したいと思います。

手順　その1

中国語の構文を分析する

　まず最初に、中国語を分析し、構文を把握するところから始めます。①状況（場所、時間、期間、前提）、②主語（主部）、③述語動詞（述部）、④目的語の別を明確にしてください。

　p.3 で紹介したスラッシュ・リーディングやスラッシュ・リスニングなどのトレーニングを行う際も、①状況・②主語・③述語動詞・④目的語という4つの要素を常に意識して読んだり、聞いたりすることが大切です。

　この段階がクリアできれば、もう8割程度は訳せたも同然です。

　この第一段階で、構文の分析がスムーズに出来ず、つまづく人もいるかもしれません。そういう人は、習得している語彙の量が足りない、あるいは文法の学習が不十分であることが原因と考えられます。既習教材の語彙をしっかり定着させるとともに、上級へのステップアップのためにも文法をきちんと学ぶことは非常に大切です。

手順　その2

分訳する

　構文の分析を終えたら、次は分訳です。
　分訳とは原文の1文を2つ、または3つの文に分けて逐次通訳するということです。聞き手の理解に配慮した、簡潔な逐次通訳を期待できるだけでなく、言葉の処理スピードも格段に速くなります。
　以下の例で、分訳の要領を理解してください。

・原文は次のような比較的長い1文です。
今年9月15日起，央行上调金融机构人民币存贷款基准利率，这是央行今年内连续第5次加息，个人公积金贷款利率也相应上调。

・この1文を、次の3つの部分に分けます。
今年9月15日起，央行上调金融机构人民币存贷款基准利率，
这是央行今年内连续第5次加息，
个人公积金贷款利率也相应上调。

・3つの部分は、それぞれ1文として逐次訳を完結させます。
今年9月15日起，央行上调金融机构人民币存贷款基准利率，
　（今年9月15日から、中央銀行は金融機関の人民元預貸金基準金利を引き上げます。）
这是央行今年内连续第5次加息，
　（これは中央銀行の今年に入って連続5回目の金利引き上げです。）
个人公积金贷款利率也相应上调。
　（個人の住宅積立金金利もそれに応じて引き上げられました。）

中国語を日本語に訳す
②訳語選択のコツ

　中国語を訳す際、前もって注意するポイントが分かっていれば、通訳パフォーマンスはぐっと向上することでしょう。ここでは、訳語の選択に焦点を絞り、そのコツをいくつか紹介します。

❶主語の省略
　中国語にも主語の省略はありますが、日本語ほど多くはありません。またフォーマルな発言ほど主語を省略せず、何度も繰り返すのが一般的ですから、中国語を訳す際、それにつられて全ての主語を訳しますと、ややうるさい印象を与えかねません。日本語では、主語を言わなくても、主語が誰か（何か）分かる場合は省略する場合が多いのですが、中国語に主語があると、例え前後関係で主語が何を指すか明らかで、何度出てきていても、つい主語を訳してしまう傾向があります。この点にはよく注意しましょう。

❷和語表現と漢語表現
　和語表現は大変日本語らしい表現ですし、聞いて分かりやすいというメリットがありますので、適切に使いこなせるようになりたいものです。外国人学習者でも、日本語レベルの高い人ほど和語表現に精通しており、日本語に訳す場合は、意識して積極的に使おうとする人がいます。しかし、和語表現の多用は、やや歯切れが悪く、回りくどいという印象を与えることもありますので気をつけましょう。
　漢語表現を用いて訳しますと、シャープさや緊張感があり、中国語を日本語に訳す場合は便利な面もありますが、反面、聞くだけでは分かりにくく感じたり、訳がこなれていないという評価をされるかもしれません。
　口語でよく使われ、聞いて分かり易い漢語表現を習得し、適切な和語表現を交えて、それぞれのメリットを生かした通訳が理想的です。

❸カジュアルとフォーマル

　通訳する場面の設定、話し手の立場や雰囲気、言葉の格調などから、通訳者は適切な表現を選択する必要があります。

　訳語として意味が正しくても、カジュアルな表現とフォーマルな表現のどちらかを適切に選べなければ、正しく通訳したことにはなりません。

	カジュアル	普通・フォーマル
一定	きっと	必ず　必ずや
这次	今度	今回　このたび
已经	もう	既に
许多	いっぱい　たくさんの	多い　多くの
谁	だれ	どなた
我	わたし　おれ	わたくし

❹訳さない単語

　いざ訳す段になりますと、余裕がないために「この言葉をどう訳すか」ということしか考えられなくなるということはよくあります。特に明確に聞き取れた、あるいは文字が目の前にあるなどの場合は、「いかに訳すか」だけで手一杯という状態になりがちです。

　しかし、中国語の中には「訳してもよいが、訳さない方がむしろ日本語訳としては適切である」という単語もあります。

　基本的な単語の中では"共同"、"都"がその代表格でしょう。例えば"中日両国共同努力～。"という文の場合、共同で行うことを特に強調する意図が明らかである場合は、「共同で～する」「共に～する」などと訳してよいのですが、一般的には、"共同"の前に2つ以上の国名が主語として存在しますので、主語を正確に「中日両国は」と訳せば"共同"を訳す必然性は低くなります。

日本語を中国語に訳す
通訳するための考え方

　日本語を中国語に訳す場合、「中国語作文」と混同する人が少なくありません。通訳は聞いた言葉を即座に口頭で訳すという行為ですから、「作文」のような考え方をしていたのでは、到底対応できません。ここでは、基本的な通訳の考え方を紹介します。

　まず通訳初心者として、次の3項目を目標としましょう。
　①文法上のミスをなくし、通じる中国語を話す。
　②原文の意味を正しく伝える。
　③訳すのに時間をかけすぎない。

　目標がはっきりしたところで、次は以下の点に注意を払って訳していきます。

❶原文（日本語）の分析

　日本語を分析することが第一歩です。原文を分析し①状況（場所、時間、期間、前提）、②主語（主部）、③述語動詞（述部）、④目的語を把握します。最初は聞くだけで原文を分析するのは難しいので、書いてある文章で練習すると良いでしょう。クリアな分析ができれば、それだけ原文をよく理解できているということになります。

❷主語を補う

　日本語には、しばしば主語の省略が見られます。❶で分析を試みた際に主語が省略されていたら、必ず主語を補いましょう。中国語の構文を明確に認識するためにも、主語を補って考えることが大切です。

❸シンプルな構文の活用

　皆さんはこれまで多くの構文を学んできたと思いますが、構文を自在に、適切に活用することは、考えているよりもずっと難しいものです。通訳する際にはスピーカーの話を聞き、理解し、記憶するなど複雑なプロセスを即座にこなさなくてはなりませんから、最初は「主語＋述語動詞＋目的語」とい

うシンプルな構文を活用するところから始めてください。こうすれば、文法上のミスを最小限に抑え、通じる中国語に訳すことが可能です。

❹ 区切って訳す

　上記の3つのステップは、区切って訳すために必要な手順です。区切って訳すというのは、原文の1文を2つ、または3つの文に分けて訳すというスキルです。もちろん単に長い文章だから、やたらと2つ、3つに分割してよいというものではありません。原文の意味をそのまま保つようにして、いくつかに分けて訳します。こうすることによって長い文をそのまま訳すよりも、スピーディーな言葉の処理が可能となります。

　では、シンプルな構文を活用して区切って訳せるよう、次の文（話し言葉）を例にして、通訳するための考え方を見てみましょう。
　ここでは、中国語に訳した後に状況（場所、時間、期間、前提）を示す言葉に〈　〉、主語（主部）に□□□、述語動詞（述部）に二重下線、目的語に波線を引いてあります。
　訳す順番は〈　〉→ □□□ → ＿＿＿ → ～～～ となります。

【原文】
① あ、皆さん、どうも。
② いよいよ来週に迫った交流事業の実施ですけれども、えー、11月5日ですか、第1陣の中国の大学生50人が日本にやってきます。
③ 滞在期間は約3週間と聞いていますが、その間仙台、さいたま、横浜、浜松で複数の大学の見学をし、また学生討論会に参加し、そしてまた日本の家庭で短期間ですが、ホームステイを経験してもらいます。

【通訳するための考え方】
① 皆さん、こんにちは。
②-1 〈いよいよ来週から〉交流事業が始まります。
②-2 〈11月5日、〉第一陣の中国の大学生50人が日本を訪問します。
③-1 〈聞くところによると〉彼らの滞在期間は3週間あります。
③-2 〈その期間中、〉彼らは仙台、さいたま、横浜、浜松のいくつかの大学を見学します。

	③-3 〈また〉彼らは学生討論会に参加します。
	③-4 〈短い期間、日本の家庭において〉彼らはホームステイをします。
④日中の学生交流事業は、これまでも何度か行ってきましたが、今回はホームステイを通じて、日本人の生活を直接体験してもらうという新しい試みが加わりました。	④-1 〈これまで、〉日中の学生交流事業は数回行われました。 ④-2 〈今回は〉新しい試みがあります。 ④-3 〈ホームステイを通じて、〉彼らが日本人の生活を直接体験するのです。
⑤日本の歴史や文化などは学生も勉強したことはあるでしょうが、実際日本人がどんな日常生活を送っているかを見て、実際に生活を体験するのは意義深いことではないでしょうか。	⑤-1 彼らは、日本の歴史や文化などを勉強したことがあるでしょう。 ⑤-2 〈しかし今回、〉彼らは実際日本人の日常生活を見て、日常生活を体験します。 ⑤-3 このことはとても意義があります。
⑥各大学のご担当者をはじめ、関係者の皆さんには、この交流事業のためにいろいろ周到なご準備をいただき、本当にありがとうございます。	⑥-1 各大学の担当者の皆さん、関係者の皆さん； ⑥-2 〈この事業のために、〉皆さんは周到な準備をしました。 ⑥-3 私は皆さんに感謝します。
⑦皆さんのこの事業が必ず成功を収めることを信じております。	⑦-1 私は信じています。 ⑦-2 事業は必ず成功します。

日本語の文語的表現について

　現代日本語の慣用句や成語は、普段あまり使わない人にとっては難しく、よく勉強する必要があるということは既に紹介いたしました。しかし、平易に聞こえる日本語の中には、成語などよりもっと気をつけなければならない、「曲者（くせもの）」が潜んでいます。それがここでとりあげる「文語的表現」です。

　比較的年齢が高く、教養ある日本人の話の中には、「文語的表現」がしばしば用いられます。「文語的表現」は外国人にとって聴き取りにくく、理解が難しいだけでなく、日本の若い人にもその意味がわからない、あるいは意味を取り違えてしまうという場合もよくあるようです。

　ここでは、そのごく一部を紹介しますので、声に出して練習してみましょう。

❶学生たる者、一生懸命勉強すべきだ。（資格を備えている者）
　学生就应该努力学习。

❷優れた人材を養成すべく、全社をあげて努力しなければならない。（～するために）
　为了培育优秀的人才，全公司应该一起努力。

❸図書館を積極的に利用すべし。（すべきである）
　应该积极地利用图书馆。

❹この番組は知られざる業界の実情を紹介する。（～していない、～しない）
　这个节目介绍不为人知的业界内部实情。

❺彼女は類まれな才能の持ち主だ。（比べるものがないほどすばらしい）
　她具有非凡的才能。

❻欧米諸国は外交に長けている。（すぐれている、熟達している）

欧美国家很擅长外交。

❼かくも盛大なるお出迎えをいただき、誠にありがとうございます。（このように）

各位如此隆重地欢迎我们，甚为感谢。

❽ご家族の悲しみはいかばかりかとお察し申し上げます。（どれほど）

我知道您的家人是多么的悲伤。

❾お酒が入り、宴会は弥が上にも盛り上がった。（ますます）

加上酒的助兴，宴会的气氛越来越热烈了。

❿僕は背が高いので、否応なしにバスケ部に入部させられた。（有無を言わせず、無理やりに）

因为我个子高，所以不容分说就把我拉进了篮球部。

⓫言わずもがなのことを言って、叱られた。（言わないほうがよい）

本来不说为妙，可还是说了，所以挨了骂。

⓬彼は、英語は言わずもがな、中国語も上手だ。（言うまでもなく）

他英语就不用说了，连汉语也说得很好。

⓭この件は然るべき部署が対応します。（ふさわしい、適当な）

这件事由相应的部门来解决。

⓮私が然るべく取り計らいましょう。（よいように、適当に）

由我来酌量处理吧。

⓯父は反対すると思いきや、応援すると言ってくれた。（～と思ったのに意外に）

我本来以为父亲会反对，没想到他说要支持我。

⓰私の言わんとするところを代弁してくれて、ありがとう。（伝えたい趣旨）

感谢你说出了我想要说的话。

カタカナ語について

　日本語にはカタカナで表記する言葉がたくさんあります。多くの外国人が日本語を学ぶ上で、このカタカナ語を難しいと感じるそうですが、日本人の間でも、毎年数え切れないほどのカタカナ語が生まれている現代においては、十分理解されていないものも数多くあります。また、なぜカタカナのままなのか、本来の日本語の表現に言い換えないのかという議論も盛んです。

　しかし現実には、日本語として既に市民権を得ているカタカナ語は数多くあり、一部の業界ではカタカナ語を使わないと仕事の話ができないという状況ですから、通訳者としては充分対応できるよう、意味を正しく把握し、使いこなせるよう勉強する必要があります。

❶聞き間違えやすいカタカナ語

　書いてあれば間違えないのですが、通訳する際、聞くだけですとうっかり間違えてしまう言葉がありますから気をつけましょう。

ロジック（"論理"）	と	ロジスティック（"物流"）
インフラ（"基礎設施"）	と	インフレ（"通貨膨張"）

これらは聞き間違えやすい言葉の代表格です。

❷日常生活でよく使うカタカナ語

　日常会話の中に溶け込んでいて、無意識に使っているカタカナ語は相当数あります。正確にその意味を理解し、訳せるようにしておきましょう

プッシュする	催促、敦促	セーフ（時間に間に合う）	来得及
ゲットする	獲得、取得	フォローする	跟随、帮助
トライする	尝试、试	キャッチする	获取、接收
リフォームする	翻新、装修	ネックになる	瓶颈、障碍、难关
シェアする	分享、分配	レスポンス	反应、回答

クライアント	客户、顾客	ヘルプ	帮助
カウントする	计数、数	ドレスアップする	盛装打扮
ミーティング	碰头会	メイク	化妆
アポを取る	预约		

❸カタカナ語と言い換え語のいずれかを選択する場合

　業界や、分野などによって、カタカナ語あるいは本来の日本語のどちらかを選択する必要があるケースも少なくありません。選択を間違えると、誤訳とも取られかねませんので、注意しなくてはいけません。

艺术家	アーティスト	／	芸術家
歌手	シンガー	／	歌手
厨师长	シェフ	／	料理長、板長
比赛	コンクール、コンテスト	／	試合
录音	レコーディング	／	録音
合作	コラボレーション	／	共同事業
潮流、趋势	トレンド	／	流行、動向
潜力	ポテンシャル	／	潜在力、可能性

❹カタカナ語だけで、他の言い換えをしにくい言葉

　それぞれ、他の言い換えもできないわけではありませんが、カタカナ語の方が通りのよい言葉として普及している例もあります。

コーポレートガバナンス	公司治理	コミットメント	承诺
コンプライアンス	遵守法规	ポートフォリオ	投资组合
グローバリゼーション	全球化	コンセンサス	共识
ボランティア	志愿者、义工	コンテンツ	内容
プレゼンテーション	演示、(演示性)介绍	レビュー	评论
ソリューション	解决方案	アライアンス	联盟
キャリア	(工作)经历	スキル	技巧、技术
ベンチャー	风险企业、创新企业	マニフェスト	竞选纲领

トレーニング編参考訳

Lesson 1

　皆さん、こんにちは。今日はまず私から北京の概要についてご案内いたします。北京は中国の首都であり、また政治、経済、交通、文化の中心でもあります。北京は北緯39度、東経116度に位置しております。面積は1万6千平方キロメートル余り、市全体の人口はおよそ1,400万人余りです。

　北京は古い都市として、3千年余の歴史を有しています。遼、金、元、明、清という5つの王朝が北京を都としました。北京には歴史的な旧跡が多く、万里の長城、故宮博物院、周口店、頤和園、十三陵、天壇という6つの世界文化遺産があります。

　皆さんは『ラストエンペラー』という映画をご覧になりましたか。映画の中の故宮を覚えているでしょうか。故宮は北京市街地の中心に位置し、明、清という2つの王朝の宮殿であり、世界最大規模の、最も完全な状態で保存されている古代宮殿建築群でもあります。万里の長城は紀元前7、8世紀からその建築が始まり2,000年あまりもの間絶え間なく築かれてきました。今回は万里の長城への日帰りツアーを予定しておりますので、どうぞ万里の長城の壮大さを皆さんご自身で感じていただきたいと思います。

　最後に新しい北京をご紹介しましょう。ここ数年北京は、改革開放、そしてオリンピック招致に成功した後、大規模な都市建設をスタートしました。現在の北京は、環状線が縦横に走り、林立する高層ビルと古い町並みがそれぞれの輝きを放っており、斬新なデザインのナショナルスタジアム「鳥の巣」、ナショナルアクアティクスセンター「ウォーターキューブ」等のオリンピック関連の建築物が北京という歴史ある都市に新たな一面を加えました。北京を存分に楽しんでいただきたいと思います。

Lesson 2

　大家早上好！今天我将带大家去参观原宿。
　原宿是一个非常热闹的地方，聚集在那里的年轻人对时尚极为敏感。原宿的时髦服装店、杂货店和开放式咖啡店等店铺鳞次栉比。我们先去竹下街。竹下街乍一看，

你会觉得那里只不过是一条杂乱的细长小路，但是在那里你可以体会到所谓的原宿独特风格。穿过竹下街往前走，就是通常所说的"原宿后街"了，有很多外国游客还从互联网上查找到信息，特意前来。

我们已经到了。我们的大巴就停在这儿，给大家一个半小时的观光时间，请在2点半以前回到车上。

大家都到齐了吗？下面我们要离开原宿，去秋叶原了。秋叶原是日本闻名的最大电器商业街，不仅如此，秋叶原还有很多除家电以外的商店，例如：电脑、动漫、卡通模型、游戏专卖店。秋叶原还被称为"宅男宅女的圣地"。今天是星期天，大家可以看到在步行街上有人扮演动漫角色。我们离开秋叶原的时间是5点30分，请大家按时回到车上。

Lesson 3

（受付にて）
周：こんにちは。中国青島明明紡織品有限公司の周薇と申します。繊維第三部の坂本部長と午後2時にお約束をいただいているのですが。
受付：好的，请您稍等一下。纤维第三部的负责人马上就来。
永井：周经理，您好。我是主管业务的永井。不好意思，让您久等了。这边请。
（応接室にて）
周：坂本部長、こんにちは。お久しぶりですね。お元気でしたか。
坂本：周经理，好久不见了。非常感谢您今天特意来敝公司。请用茶。
周：どうも。今日参りましたのは、来年どれくらいのご注文をいただけるか伺いたいと思いまして。
坂本：今年国际上棉花价格暴涨，所以我们有些担心会不会影响毛巾产品的价格。
周：まったく影響がないとは申せませんが、私どもは早くから原料の買い付け手配をしておりましたので、値段はそう大きく上がらないと思いますよ。
坂本：噢，是这样啊。这几年，越南也以低廉价格提高了竞争力，所以我们也许不得不提出更严格的要求。
周：部長のおっしゃりたいことは、よくわかります。しかし当社は価格面でも、また製品の品質、それに納期の面でもベトナムには負けません。
坂本：我们和明明纺织公司有着长期的合作关系，所以期待贵公司能拿出一个令人满意的价格。那好，具体内容让主管业务的永井和您谈，好吗？对不起，我就在此

失陪了。

Lesson 4

　尊敬するＩＴ業界の皆様、友人の皆様。
　こんにちは。本日、中国情報通信技術研究者訪日団は10日間の見学視察、訪問をスタートいたしました。ここに、日本の友人の皆様がこのたびの訪問にご尽力くださり、行き届いたおもてなしをくださったことに心より感謝申し上げます。
　わたくしどもは日本につくやいなや、日本の友人の皆様の温かい歓迎を受け、皆様の優しい笑顔と、心からのご配慮はすばらしい印象を与えてくれました。日本の同業界の皆様方から、中日協力の明るい未来を予感し、両国の友好的感情が更に深まり、中日両国人民の友情が必ずや末永く変わらないことをより一層確信するものであります。
　日本の進んだ経験を参考にし、中国の情報通信技術の応用を推進し、それによって社会と人民に貢献したいと願っております。わたくしは、今回の訪問が必ずや大成功を収めると信じています。
　では、ここで乾杯を提案したいと存じます。中日双方のこれまでと変わらぬ協力のために、我々の事業のために、また我々の使命のために乾杯いたしましょう。
　乾杯！
　ありがとうございました。

Lesson 5

　高齢化は社会経済発展の必然的な産物です。人々の物質面の生活レベルの向上に伴い、人類の寿命は延び続け、自然と人口の高齢化がもたらされました。国際的には一般的に65歳以上を高齢者と言い、１つの国あるいは地域の65歳以上の人口が総人口の７％を占めると、人口の高齢化と言うことができます。
　現在、中国において65歳以上の人口が総人口に占める割合はおよそ11％でして、2010年には12％を超え、2050年には21％に達すると予想されます。このことから、中国は既に高齢化社会であるということがわかります。
　高齢化は経済と社会の発展に多くのマイナスの影響を及ぼします。例えば、労働

力人口の相対的な減少は生産年齢人口の扶養負担を増やすことになります。ことに中国農村部の高齢者に対する経済保障は大きな問題です。我が国の多数の農村部高齢者は主として子どもを頼りにしていますが、農村部の所得は低く、核家族が増えているため、子どもが高齢者の面倒を見る負担は重くなっています。同様に、都市部では老夫婦だけの世帯が増えており、それによって引き起こされる社会問題も日増しに顕在化しています。

高齢化問題に関し、制度的保障は非常に重要です。中国政府は1996年に「高齢者権益保障法」を採択し、高齢者の法的権利を保障することについて、具体的な規定を定めました。

高齢化問題はつまるところ、我々一人ひとりが直視しなければならない問題です。わが国の高齢者が扶養と医療、そして喜びを得られてこそ、本当の意味での社会発展を成し遂げたと言えるのだと私は考えます。

Lesson 6

人们普遍认为日本是一个富裕的国家，而日本的国内生产总值和人均国民收入等数据也对此予以了印证。

那么，我们日本人的生活是真的富裕吗？我想很多日本人会回答说："不是。"因为日本的物价及房地产价格相当贵。如果就我个人来说，我大学毕业后的25年里，一直在拼命工作。日本平均每个家庭的年收入大约在600万日元左右，我的年薪略高于平均水平，可我却好不容易才以按揭方式在东京郊区买了一套三室两厅的公寓。和我相比，我的一个澳大利亚朋友年收入虽然还不到我的一半，却买了一套独栋带很大院子的住宅，而且他还能悠闲自在地去度假。那么，我和他到底谁可以称得上富裕（幸福）呢？

最近，一些企业开始关注工作与生活协调的重要性。我们每个日本人是不是也该认真思考一下"到底什么是自己所要追求的富裕（幸福）生活"？

Lesson 7

市気象局の李輝副局長は、今日のプレスカンファレンスにおいて、昨年12月から今年2月まで、市の平均気温は8度に達し、ここ100年余りで最も暖かい冬になっ

たと指摘しました。わが国の一部地域の気象異常により、今年の増水期は一部地域ではきわめて深刻な干ばつと水不足が予測され、一部の河川流域においては大洪水発生の恐れがあり、洪水や干ばつ対策は非常に重要となります。気象局としては、ただちに地域住民に対し警報を発令し、気象災害による損失を最小限にとどめると述べました。

　専門家の分析によれば、近年の異常気象の原因は３つあるとのことです。１つは地球温暖化によるもの、２つ目はエルニーニョ現象、３つ目は大気循環の影響です。またエルニーニョ現象の発生は自然環境の悪化と関係があり、地球の温室効果がもたらした結果です。温室効果増加の主な原因は二酸化炭素の排出量増加であり、二酸化炭素の排出をいかに抑えるかは、全人類が直面する課題です。劉慧燕がお伝えしました。

Lesson 8

中：中国の学校の種類は、大まかに申しまして小学校、初級中学校、高級中学校、中等専門学校、高等専門学校、大学に分けられます。小学校から初級中学校までの９年間が義務教育です。日本の教育制度はどのようになっていますか。

日：日本的学校体系基本和中国一样，小学、初中是义务教育，高中有全日制和夜校等非全日制学校，另外还有函授高中。高中以上是大学。除此之外，还有专为残障儿童开办的盲人学校、聋哑学校以及养护学校。中国的残障儿童教育怎么样？

中：現在、普通学校の中に特別教育クラスを設置する他、およそ2,000近くの特殊教育学校があり、これには盲聾唖学校と知的障害児の補習学校が含まれます。今や、社会の各界及び保護者の障害児教育に対する関心は高まり、障害児の法的権利が絶えず強化されております。

日：噢，是这样。这十年来，日本学生的学力出现下降的趋势，因此，组织专家和有识之士设立了调查委员会，并开始了各种尝试，但是，目前还没有收到明显的效果。不知中国的情况如何？

中：中国の教育にも多くの問題があります。例を挙げますと、子どもの勉強の負担やプレッシャーが大きいこと、農村の出稼ぎ労働者世帯児童の進学難、人格教育の欠落等です。また、もう１つ、教員全体の資質を如何にして向上させるかという問題です。我々教育関係者がよく言う言葉に、「百年の大計は、教育にあり」というのがあります。教員の資質は教育と密接に関わっているのです。

日：您刚才谈到的提高教师素质的必要性，这在日本也是首要问题之一。文部科学省已经开始落实具体的行动计划了。

Lesson 9

我是国际交流促进课的小林。今天我想和苏宁市人民政府的各位一道，共同回顾三京市和苏宁市的友好历程，并提出几点有关今后两市交流事业的建议。

1973年神户市和天津市结为日中间第一对友好城市。第二年，三京市和苏宁市也缔结了友好城市关系。之后的三十年间，我们两市在各种领域展开了交流，加深了相互间的了解和友谊。

我们两市在缔结友好城市后的最初十年，一直是以三京市议会议员友好访华团与苏宁市人民政府访日团的互访、两市青少年的体育交流事业作为主要活动内容的。后来，随着中国改革开放政策的顺利实施，举办贸易洽谈会、派遣农、工领域专家和接收进修生等方面的活动逐渐增多，近年来，在旅游、艺术文化层面的交流也日趋频繁。

面向未来，为了巩固我们迄今在交流事业上取得的成绩，并谋求更大的发展，我认为做好以下两点是非常重要的。第一是培育人才，第二是利用各种媒体开展宣传活动。

以上就是我对两市友好交流事业的简单介绍和建议。谢谢大家。

Lesson 10

日：今天我们请来了目前在中国最受关注的时装设计师王虹女士。
　　王女士，今天您在百忙之中特意前来，真是非常感谢。
中：どう致しまして。お会いできて、とてもうれしいです。
日：您的设计灵感来自什么方面？您在设计的时候，是不是特别注意中国的传统风格？
中：そうですね、私はインスピレーションを本当にいろいろなところから得ているんです。花、映画、そして街が私にインスピレーションを与えてくれます。もちろん中国伝統の色彩や造形、考え方などが私のファッションデザインに大きく影響していると思います。

日：听说您去年首次参加巴黎时装展，并获得高度的评价。中国国内的时装展和巴黎时装展是不是在氛围和观众的反应上都有很大的不同？

中：昨年、初めてパリコレに参加しました。パリコレは私にとって励みになりましたし、中国のアパレル業界が認められたということだと思います。今や、中国国内で多くのファッションショーが開かれており、全体的に見ますと、演出、規模、パワーの面において、外国とはまだかなりの差があると思いますが、最近の一部のショーのレベルはとても高いですね。中国の観衆はこれらのファッションショーを通じ、世界の最先端ファッションのトレンドを理解するでしょう。

日：您作为设计师获得了成功，并且在服装的商业运作方面也创立了自家品牌。这应该可以说您已经走出了一条成功之路。但我想身兼两职也不是很容易的吧。

中：私は一貫して自分自身をデザイナーと位置づけています。しかしデザインをする際、どんなブランドが市場に受け入れられるかということを一貫して考えています。消費者の好みとニーズをよく理解することをとても大切にしていますが、これが市場に密着した製品をデザインできる理由でしょう。

日：您的"优美－Elegant"品牌的目标群体是哪些女性呢？我上个月去上海时，买了衬衫和裤子，穿起来感觉非常舒服。

中：わたくしどものブランドのターゲットは25歳から40歳くらいまでの今を生きる知的な女性です。彼女たちはとても自信に満ち、生活の質を大切にし、流行と品格を追い求め、仕事においても成功しているのです。

日：衷心祝愿您今后工作取得更大成绩，事业更加兴旺发达。今天真是非常感谢。

中：とんでもありません。次回上海にいらした際は、私どもの店にお寄りください。わたくしがお見立てしますよ。今年の流行色のメタリックカラーがとてもすてきに、上品に映ると思います。

Lesson 11

过去一提起漫画、动画片，总感觉是小孩子看的东西。但如今，不仅孩子们喜欢动漫，连大人也喜欢，甚至中老年人当中也有很多动漫迷。

今天在座的听众当中也有来自中国的朋友。听说日本的很多动漫作品也在中国播放，并深受广大中国观众的喜爱。例如：过去在中国曾播放过《铁臂阿童木》、《聪明的一休》，后来《机器猫》《樱桃小丸子》《名侦探柯南》《七龙珠》《火影忍者NARU

TO》等作品也相继在中国播映。当然，日本的动漫不仅出口到中国，也出口到其他世界各国，动漫如今已作为一种出口产业得到认同，在商业方面越来越受到重视，但同时我们也应看到动漫所起到的将日本文化输出到海外的作用。

在意大利召开的三年展上，大量的日本动漫作品得到介绍。有很多人由于看了日本的动漫而激起了学习日语的热情，也有很多人由于动漫的影响而对日本动漫以外的文化产生了兴趣。看到年轻人通过动漫更贴近日本，对日本文化更感兴趣，真令人欢欣鼓舞。

日本的动漫产业今后将会进一步蒸蒸日上。下个月在东京即将召开大规模的动漫展，届时请各位一定光临。

Lesson 12

みなさん、こんにちは。今日は皆さんに中国のＩＴ市場の発展についてご紹介する機会を得ましてうれしく思います。

まず、ネットワーク通信市場についてご紹介したいと思います。中国の携帯電話加入者数はおよそ５億、世界のトップです。現在の中国のインターネット利用人口は既に１億６千万を超え、まもなく世界のトップへ、そして今後５年のうちに、中国のネチズンは２億３千万を数えることになるでしょう。わずか数年の間に、我が国のブロードバンドネットワークは飛躍的な発展を遂げ、大部分のネチズンはブロードバンドネットワークのユーザーであり、ブロードバンドは既に中国の最も主要なアクセス方法となっています。

ブロードバンドの急成長は、インターネットの発展をもたらし、我が国のウェブサイトは100万近くあり、ブログやポッドキャストのユーザーは増える一方で、付加価値サービスを提供する企業は２万社を超えています。

次にパソコン市場についてお話ししましょう。中国のパソコン市場全体の売上は、２桁の成長を維持し続けています。うち、ハードウエアの最大の注目点はやはりノート型パソコンで、パソコン売上の30％を占めています。パソコン市場とともに成長してきたのはサーバーとメモリ市場です。また、中国のソフトウエアの市場規模も1,000億元に近づいています。その中で最も急成長しているのがミドルウエアであり、伸び率は30％以上にも達します。ソフトウエア市場の注目点はネットワークセキュリティーです。近年ネットワークセキュリティーの脅威が日増しに深刻になってきており、コンピュータウィルスが発生し、ハッカーがしばしば出現し、

スパムメールが急増しており、ファイアーウォールソフトやネットワークウィルス対策ソフトウエアが急成長しています。この市場は今後もかなり成長する可能性が大きいでしょう。

　私のお話はこの辺で終わりにさせていただきます。ご清聴ありがとうございました。

Lesson 13

日：下面我们开始进行互动答疑。因为时间有限，所以希望提问时简明扼要。

日：这几年，日本的媒体也经常报道说，以上海为中心的地区出现供电不足，特别在夏季出现较为严重的电力供应紧张局面。请问，你们在供电方面有没有问题？另外，工业用水的供应怎么样？

中：確かにこの２年、中国国内の電力使用量が増えたため、多くの地方で電力供給不足が問題になっており、一部の都市ではここ数年大規模な電力供給制限が実施されています。しかし、私どもの園区では園区独自の水道・電気・熱・スチーム供給システムを有しております。現在、園区内には変電所が２箇所あり、年間電力供給量は18億キロワット時で、園区の電力を完全にまかなうことができます。また、水中ポンプ７台が園区内に工業用水を供給しており、更に汚水処理場を設置しており、工業用水の循環利用が可能です。

日：听了您刚才的介绍，我已经对工业园区以及外围地区的基础建设情况有了充分的了解，不过，我听说园区到主要出口港的公路还没有修建完。对此，您是怎么看的？

中：園区から主要輸出港までは50キロメートル足らずで、現在園区から輸出港までの一級道路の建設はまもなく終わり、今年の下半期には開通するでしょう。また、園区北側に高速道路を建設中で、２年後には園区と港と市街地を結ぶ高速道路が完成し、アクセスは更に便利になると思います。

日：您对增值税和所得税等优惠税制的解释非常具体，通俗易懂。但是，我们担心的是知识产权问题。实际上，我们公司之所以迟迟未能进入中国，就是因为我们对贵国的知识产权保护工作尚存一点担心。

中：ここ数年、中国政府は知財権を特に重視し、商標法、特許法、著作権法など一連の知財権関連の法律等を相次いで発表しました。我が国政府は知財権の確立を国家戦略とし、「海賊版撲滅100日キャンペーン」等の知財権保護のためのア

クションを全国規模で展開しています。私どもの園区では知財権苦情通報ステーションを特に設置し、園区内知財権保護の強化に努めています。

Lesson 14

小林：让大家久等了。今天我们将就日中环保合作这一主题，请各位谈谈各自的观点。今天由我担任主持，我是日本环境协力机构的小林。下面，我们想请赵先生从大气污染问题专家的角度谈一谈中国目前应立即着手解决的问题。

趙耀明：ありがとうございます。今日、ここで環境に関する意見を述べさせていただけるということで、大変うれしく存じます。まず、現在の中国の環境問題についてご紹介したいと思います。中国は30年近い高度経済成長期を経て来たわけですが、それとともに、きわめて深刻な環境汚染問題が発生致しました。昨年、中国では平均して2日に1度は環境汚染事故が報道され、特に都市部の大気汚染問題は大変深刻です。人口100万以上の大都市では、大気中の硫黄酸化物、窒素酸化物の割合が高くなっています。ここ数年、都市部の自動車保有台数が急増し、自動車の排気ガスは大都市の大気汚染の主な原因となっています。また、有毒排ガス汚染対策の遅れも大気汚染を発生させる要因の1つです。

小林：谢谢赵先生。看来，中国特别是城市的大气污染问题的严重程度已经远远超出了我们的想像。铃木先生，能否请您谈谈对这一问题的看法？

铃木：如今的日本，大气污染问题仍是一个极为重要的课题。中国现在的情况和日本经济高速增长时期的情况很相似，所以我想有很多地方中国可以借鉴日本。日本经济高速增长时期由于能耗增长过快、产业偏重重化工业的发展趋势致使大气污染迅速扩大，并日趋严重。但是，这个时期政府的政策措施却没有跟上，不仅被动，而且很不完善。上个世纪60年代以后，工厂等排放的煤烟以及汽车尾气也是造成大气污染的主要原因。1971年日本设立了环境厅，可以说正式启动了环保方面的工作，但却让人难免感到为时已晚。我们不希望中国重走日本的老路。

小林：下面请宋女士谈谈您的看法。

宋秋麗：ただ今鈴木教授がご紹介くださいました日本がかつて経験した汚染対策の遅れに関するお話に感銘を受けました。我々は日本の経験や教訓を確実に学ばなければなりません。中国政府も経済成長と環境保全のバランスをとろう

と試みており、「大気汚染防止法」を打ち出し、具体的な措置を決めました。制度面で環境保全を強化する他、外国の進んだ環境保全技術を導入しなければならないと考えます。中日両国の環境ビジネスにおける協力はたいへん有望かと思います。ありがとうございます。

小林：谢谢。今后环境商务想必将更加受到关注，而从为社会做贡献这一角度来说，环境商务也会得到首肯。

小林：时间快到了，那最后分别请赵先生和宋女士用一两句话概括一下。

趙耀明：今日の討議は非常に多彩な内容で、多くの分野と範囲に及びました。私たちは環境問題が世界的な問題であり、中国の環境保全関連の課題はたいへん多いと更に認識いたしました。環境問題と経済は切り離せない問題であり、人々の生活とも密接に関わっており、環境問題を解決できるか否かは国の盛衰に直接影響するのであります。私たちは環境意識を更に高め、実際の行動に反映させなければなりません。ありがとうございました。

宋秋麗：まとめをということですが、まず本日の中日パネルディスカッションが非常に意義深いものであったということを申し上げたい。今、趙教授もおっしゃいましたが、環境問題は地球全体の問題であります。我々の経済はすでにグローバル化に向かっておりますが、経済のグローバリゼーションに伴う環境汚染のグローバル化についても真剣に考える必要があります。今後、国内外の同業者と協力を強め、「第11次５ヵ年計画」の綱要で打ち出された汚染物質排出削減目標の実現に努めたいと思います。どうもありがとうございました。

小林：虽然今天我们时间有限，远远不够讨论环境这个既庞大又复杂的问题，但是，在各位发言人的配合下，今天的讨论会开得非常有意义。在此，向各位表示由衷的谢意。

［著者紹介］

髙田裕子（たかだ　ゆうこ）
1957年静岡県生まれ。大学卒業後、商社勤務を経て、中国語通訳・翻訳業に従事。サイマル・アカデミー講師、桜美林大学非常勤講師、法政大学兼任講師。主な著書に『中国語新語ビジネス用語辞典』（編著・大修館書店）、『文法をしっかり学ぶ中国語』（池田書店）、『いちばんやさしい中国語会話入門』（池田書店）、『日中・中日翻訳トレーニングブック』『中国語　発音マスター　CD付き』（大修館書店）など。中国語学習専門ブログ「髙田先生の中国語お悩み相談室」更新中。「髙田先生の翻訳教室」代表。

毛燕（マオ　イエン）
1962年中国北京市生まれ。対外経済貿易大学卒。中国対外経済貿易部に勤務。その後、航空会社、通信器機メーカーにて社内翻訳・通訳を経て、フリーランスの中国語通訳・翻訳者に。サイマル・アカデミー中国語通訳者養成コース講師。著書に『もち歩き中国語会話』（共著・池田書店）『日中・中日翻訳トレーニングブック』（大修館書店）など。

日中・中日通訳トレーニングブック
にっちゅう　ちゅうにちつうやく
Ⓒ TAKADA Yuko, MAO Yan, 2008　　　NDC820／viii, 121p／21cm

初版第1刷──2008年4月20日
　第6刷──2018年5月10日

著　者─────髙田裕子／毛燕
　　　　　　　　たかだゆうこ　マオイエン
発行者─────鈴木一行
発行所─────株式会社　大修館書店
　　　　　〒113-8541　東京都文京区湯島2-1-1
　　　　　電話 03-3868-2651（販売部）／03-3868-2290（編集部）
　　　　　振替 00190-7-40504
　　　　　［出版情報］https://www.taishukan.co.jp

装幀・本文デザイン──熊澤正人＋尾形忍（パワーハウス）
カバーイラスト─────信濃八太郎
校正協力────────今橋さやか
印刷・製本───────図書印刷

ISBN978-4-469-23246-2　Printed in Japan

Ⓡ 本書のコピー、スキャン、デジタル化等の無断複製は著作権法上での例外を除き禁じられています。本書を代行業者等の第三者に依頼してスキャンやデジタル化することは、たとえ個人や家庭内での利用であっても著作権法上認められておりません。
　本CDに収録されているデータの無断複製は、著作権法上での例外を除き禁じられています。